シンポジウム

ナラティヴ・アプローチと多職種連携

－ ナラティヴをプラットフォームとした
つながりと創造 －

基調講演
森岡　正芳　立命館大学総合心理学部教授

シンポジスト
森岡　正芳　立命館大学総合心理学部教授
大和田　俊　香川大学教育学部附属坂出中学校教諭（研究主任）
伊藤　裕康　香川大学教育学部教授
前川　泰子　香川大学医学部看護学科教授
和田恵美子　四天王寺大学看護学部看護学科教授
竹森　元彦　香川大学医学部臨床心理学科教授

ナラティヴとは？　心理×教育×看護の対話 ＝ つながりと創造の記録

竹森元彦 編

目　　次

第Ⅰ部　基調講演

第Ⅱ部　シンポジウム

は じ め に

　私は，ナラティヴとは何か，どのように実践をとらえていけばよいのか，ナラティヴに着目した研究とはどうあるべきか。語りに着目し，その語りを記述し，その語りが変容していく中で，そこに生じている現象を何とか研究の対象としたいと思っていました。カウンセリングや心理療法を本業とする私ですが，その過程をどう伝えていくのか，研究の土壌にのせるのかなど，今までもとても悩みながら実践や研究をしてきました。カウンセリングのプロセスは，まさに生き生きとした過程そのものであり，常に変容していきます。とどまることはないのです。その過程にこそ，人は息をついたり，感動したり，元気になったりするのだろうと思います。ほっと息をつくことのその過程は，何かによって与えられるものではなく，自分と自分を取り囲む世界の在りようと関係があります。同じ経験をしていても，まったく異なったとらえ方や感じ方があります。そのような過程や変容といえるものを，どのように描き出すのか，“生きる”ということの過程として，“生きる”ことを支える多領域の先生方と共有したいと思っておりました。エビデンスをもった研究には，その当事者の言葉がないことが多いです。エビデンスは大切ですが，一方で，当事者が居る研究が必要だと思っております。当事者の語りには，“生きたナラティヴ”があります。

　私は，「ナラティヴを，プラットフォームとして，多職種をつなげるという考え方」を，香川大学の未来のコンセプトにできたらなどと思っております。立命館大学森岡先生のご講演のなかで，企業もナラティヴに着目しているというお話がありました。どういう物語りで消費者は，例えば，車を購入するのか，そこにナラティヴの考え方が必要とのお話でした。私は，商品デザインとも密接に関係していると思います。ものづくりには，ナラティヴが必要なのです。看護領域では，ナラティヴによる実践がとても進んでいます。患者の生と死の心に向き合う看護師は，医療技術を用いた治療だけではなく，その人がどのように特別な個人として生きているのかに向き合わざるを得ないと言えます。看護の場面で，どのようにナラティヴと出会っていくのでしょう。その気づきは，看護師と患者のどのような力になるのでしょうか。

　香川大学の筧学長からも，エビデンスの考え方は，もうすでに多くの領域で進んでいるので，ナラティヴという，未開拓な部分に焦点をあてて，他の学部でもナラティヴに着目している実践があるから，それらとのつながりで多職種連携を

進めてほしいなどの言葉を頂きました。ナラティヴに関する関心や期待は，大きいと思います。

　あらためて，シンポジストの先生方に事前にお送りしたメールを読み直していると「とにかく，刺激的な感じのシンポジウムにしたいと思っております」という内容を送っていました。そのような場が，生きたナラティヴが生成されたのでしょうか。

　本書は，森岡先生をはじめ，シンポジストの先生方の"ナラティヴ"を再構成しようとする試みです。逐語という形でお示しすることで，オルタナティヴなストーリーが輝きだす出すことを狙っております。「対話によるつながり」と「多職種の組み合わせによる創造」が，今後展開していく通過点であると思っております。

竹森　元彦

第Ⅰ部　基調講演

「臨床実践とナラティヴ・アプローチ」

立命館大学総合心理学部教授　森岡　正芳

　皆さんこんにちは，森岡です。よろしくお願いします。

　香川大学には，初めて参りました。友人が丸亀におりまして，2・3回は来たことがあるのですが，高松も随分久しぶりです。駅前も変わりましたね。1時間程度のお話で，お時間もありませんので，前置きはおいておきまして，早速本題に入りましょう。

　ナラティヴがキーワードですね。私も，この概念に取り組んで，そうですね，最初の論文を書いたのが，大体80年代後半ですね。発表は94年ですが『心理学評論』に「緊張と物語」という論文をまとめました。もう30年近くこの言葉に取り組んできました。面白い概念です。しかし，一方で困難な概念ですね。実践や研究に使えそうであるけれども，実際に物語がなぜ，臨床に出てくるのか，よくわからないという反応は今でも多いです。今日は，少しすっきりできればいいのですが，果たしてそれが実現できるかはわかりませんが。

　まずアウトラインをお示しします。私は，心理の専門です。カウンセラーですね。心理の相談っていうのは，幅広いというか，分かりにくいところもありますけれども，ここでは，具体的な例に触れてお話ししましょう。それからナラティヴと，物語，語り，ストーリーなどいろいろ類似の言葉があります。私はあまり区分けしていません。分ける考え方もありますけれども。実践の場では，分けてもしょうがない部分もありましてね。ご自分で定義して使えばよいのです。はい。私の定義はあります。ナラティヴは思い起こすというこころの働きとつながります。ここに足場を借りつつ，病の語りについて，ナラティヴという観点によって，実際の臨床の場がどのように見えてくるのか。少し紹介してみたいです。もう一つ最近話題ですが，当事者の視点からの実践研究は，ナラティヴ・アプローチの一つの展開形として読めます。またオープンダイアローグがホットですね。大きな時代の変化を感じます。ここに焦点を当てると，ナラティヴの実践がわかりやすくなるかもしれません。

Ⅰ．心理実践とナラティヴ

心理カウンセラーは物語屋さん

　私が習ったのは，河合隼雄という先生なのですね。もう亡くなられて10年になりますが。河合先生は，はるか昔から，物語，物語とおっしゃっていました。物語について，いくつもの本も論文も出しています。その中で，面白い言葉を紹介します。私の職業は，言ってみれば「物語屋さんのようなものです」と。「その人が，腑に落ちてもらうために，自分の物語を発見していただく。それを助けるのが，私の職業です」と。物語屋さんというのは，カウンセラーが語り部という意味ではないのです。相談に来られる方が，自らの物語を発見するそのお手伝いということなのですね。カウンセラーという仕事を，ご存知の方が，この中には沢山いらっしゃると思いますけれども。カウンセラーって，何をしているのか。学校現場や病院の中で，何ができるのですかと言われることもまだ多いです。私も説明にけっこう苦労します。

感情がなくなってしまったとき：ある喪失

　いきなりですけれども，例を挙げてみます。もう30年前になりますかね。かなり以前にお目にかかった方です。ある女性が，私の知り合いである心療内科医から紹介を受けて来られました。経過は次のようなことです。その2年前，7月に，大学生のお子さんが2人おられて，次男さんが，急に自宅を離れて下宿暮らしを始めた。大学は，家から通えない範囲ではない。まあ，2時間かければ帰れるくらいの距離です。けれども部活があるとか言って下宿しだした。飛び出した感じなのです。そこで，この女性はがっくりきたわけです。この程度のことでと感じられるかもしれませんが，実際に人間ってわかりませんね。この程度のことでも，がたっと来ることがあるのです。何も大きな事件や災害だけでないのです。で，この後，すっかり感情がなくなった。これが主訴です。嬉しいも哀しいも。哀しいつらいとか，寂しいとかそういう感情がなくなった。もちろん投薬も受けたりしてはいますが，日常の行動は緩慢で，以前と人が変わったみたいと人に言われる。どんどん食欲もなくなるし，何か違う病気なのでは？と。それで，2年ほど病院に通われたわけなのです。一番わかりにくいのは，息子さんが出てしまったその時からすでに2年以上が経過して，来談の時点で息子さんは大学の4年生です。この時期学生は暇なのですね。就活も終わり，下宿は引き払ってす

でに帰ってきているのです。息子が戻ってきたら，元の生活になってなおると思ったのに，女性の状態は何も変わらない。そこで何か心理的な課題があるのかなということで，相談に来られた。何回かお目にかかりました。この方の印象に残る言葉をかいつまんであげます。

　やはり，息子が下宿しはじめたその日の時を思い起こす言葉が，非常に印象的なのですね。「まったく糸が切れた凧が飛んでいったみたいに，帰ってきませんでした」と言う。その後，私はガラッと変わったと。以上のことを，ゆっくりゆっくりあまり抑揚もなくしゃべられる。「あんまり私が悲しむので，息子が，音楽系のバイトしている，サークルですかねぇ。ピアノのバイトしている会場を探しに主人の車で出かけたことがあったのですが，結局見つからなかった」と。そういう深い情緒がただよっています。そのあたりの詳しいことを，ぽつりぽつりと繰り返されます。別の回では，引越しの手伝いに行ったときのことを語られる。「荷物を仕分けしているときも悲しい，淋しいという感じではなかった。駅で別れて，その時もそうでもなかった。その晩から涙が出てとまらなかった。なにかほうっておけない子だった」。このようにおっしゃいます。「不思議なことなのです。電車に乗っていて，息子がこんなところにいるわけがないのに，はっとして「あの子だ」とまちがって，どきっとすることがあるんです」。このようなこともおっしゃいます。息子さんは，その時点で家にいらっしゃるのですよね。それなのに，このような体験をされている。この方は何を探し求めているのでしょうか。

　私がお伝えしたいのは，カウンセラーは，クライエントの体験の世界に入っていく仕事なのですよね。これが私の一番言いたいことなのです。面接の場でクライエントが話されることは，必ずしも事実関係が正確とは限らない。たとえば，別の回ではこんな話がでてきます。「7月にアパートを決めたとき，それまでにも一人で生活したいとか言っていたけど「あんたにできるわけない」とか言って相手にしてなかった。その頃の日記を読み返していたら，感情がなくなったのは思ったよりもずっと早いことがわかった。8月には息子が旅行するので荷物取りに家に帰ってきた」。私は，ええっと驚いて（笑），「ずっと帰らなかったのではなかったのですね」と返すと，日記には「（息子の名）が帰るというけどちっともうれしくない」と書いてある」。つまりこういうふうに，人は体験を描くのです。事実としては息子と会っている。でも，その時にはすでに何か違ってしまっている。また別の回でも引っ越し当日のことを思い起こし語られます。「（引っ

越しの）その日までまったく信じられなかった。すぐ帰ってくると思っていた。引っ越しの手伝いの時，ほとんど私は何もしなかったのです。友達がいっぱい手伝いにきていたし，「自分がいなくてもいいんだ」と思い，胸がいっぱいになった。一人で先に帰った」。これが，クライエントの体験のコアになるのですね。

ナラティヴ（物語：語り）の基本的な構成要素

　さてここで個人の体験世界，体験の現実というのは，事実の正確さとはまた別だということを繰り返しておきたいのです。ご本人のコアになる体験は，ある種の別れです。その体験を繰り返し，言葉にされる。反復することによって，事実からすれば違うことを伝えられる。息子さんはすぐに帰ってきたわけなのですが，「まったく糸が切れた凧が飛んでいったみたいに，帰ってきませんでした」とおっしゃる。出来事の順序も違ってきます。ナラティヴは，個人の体験の現実に入る時に必要な観点であるし，枠組みであると考えられます。あくまでカウンセラーの立場からですが，そんなふうに捉えるのですね。

　えっと，定義を入れるのを忘れていました。私は今のところ，ナラティヴをこんなふうに考えています。

　ナラティヴとは「出来事を選択，配列して，体験の意味を伝える言葉の形式，内容，行為です」。出来事を選択し配列するとは，このケースの場合は，息子さんが出ていったということ。そこにまつわる出来事を，クライエントが選び配列しているのですね。でも実際には，8月に息子は帰ってきている。始めはその出来事をカットしているのですね。

　ナラティヴの基本的な構成要素があって，物語理論として文学や歴史で扱われているものに関連します。物語は出来事を単位として構成されています。複数の出来事があって，場面が描かれる。そこに情緒，心の状態が含まれる。それから物語には主人公を含む人物，キャラクターが登場します。語り手ご本人が主人公ですが，まず次男さんそして，何人かの友人たちがいる。物語という観点をとると，これらの人々をすべてキャラクターとみることができます。そして，キャラクターの間であるハプニングが生じる。語り手が描いている物語，それは体験の世界ですが，そこと少し距離が生まれるのです。ここに，物語の治療的な働きが含まれます。実際に先ほどの方は感情がなくなったということで来談されましたが，徐々に感情が自然に出てきます。

日常でいつも使っている言葉

　ナラティヴはあまりにも当たり前に日常使っている言葉です。なので，気づきにくい。今朝ラジオを聴いていたら山陽新幹線に遅れがあると知りました。「えらいことや」とドキッとしたのですが，実際には遅れず，良かったです。たとえば「今日は新幹線が遅れましてね」と言うだけで，講演の開始時刻に間に合わなかったことに「ああ，そうですか」と納得を得ることができます。同様に「駅の改札で，財布忘れたんです」というだけで，だから「授業に遅れた」ということが，意味づけられますよね。ナラティヴというと何か複雑なストーリーを長々と展開し，語るというイメージがあるかもしれませんが，そうではなく，最小単位は2つの出来事でよいのです。遅れてきたという今の出来事2を説明するために，「財布を忘れましてね」という出来事1を述べると，この出来事1がすでにナラティヴなのです。それによって，今遅れている事態が理由づけされるのです。それで聞き手に納得してもらえる。基本的にはこれを，言語形式のナラティヴというのです。普通に使っていますよね。今の出来事，状態を理由づけし，説明する言葉。それによる聴き手の納得。こういう言葉の働きをナラティヴといいます。ここで大事なのは，出来事1が事実かどうかという確認は一旦，置いておくのです。わかりますか？

　「駅で財布忘れたと気づいたと言っているけど，ほんまかいなあ」。「ちょっと，駅に確認しようか」。こんなことは普通しませんよね（笑）。つまり，事実かどうかということはいったん置いておいて，個人の体験としては，わかる。これが，ナラティヴという言葉の形式です。一番基本的なナラティヴの観点は，これなのですね。

　個人の人生はそれぞれ多様で深いですね。いろんな出来事をわれわれは経験してきています。失敗もあれば，良かったこともある。図1をご覧ください。

　赤（■，●）があんまりよい経験でない，否定的経験。青（□，○）が肯定的経験とします。皆さんご自身の中で

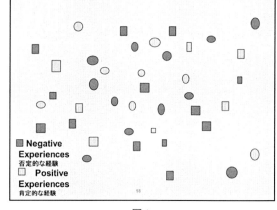

■ Negative
Experiences
否定的な経験
□ Positive
Experiences
肯定的な経験

図1

は，人生振り返られて，赤が多いですか？青が多いですか？あるいは真ん中くらいですか？この図の人はちょっと，赤が多そうですね。また赤の大きさも大分違いますね。大きいのもあります。臨床の現場は，赤が多い方が来られますか？いや，赤ばかりをつないでしまう人かもしれません。あの赤とこの赤がと

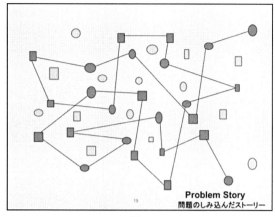

図2

つなぐとまた別の赤が出てくる。こういう状態です。これは，生きにくいですよね。失敗だらけの人生や。それは，しんどいですよね。これを問題が染み込んでいるストーリー（Problem Story）とします。（図2）

ナラティヴの実践的応用

　ナラティヴ・セラピーというグループがあります。私はナラティヴ・セラピストではありませんが，その考えを参考にしますと，ナラティヴ・セラピストたちは，できればProblem Storyを動かしたい。当事者自身が気づいていない青の出来事と接点を作りたい。あるいは，代わりのストーリー（Alternative Story）の可能性を探っていく。これがナラティヴ・セラピーの一番基本的な枠組みです。（図3）

　つまり出来事のつなぎ方は，複数あるのです。先ほどの事例がそうですよね，体験の語り方は様々なのです。ところが，ご本人は息子が出ていったその瞬間から，出来事が配列され，固定されてしまう。これはしんどいです。他にまだ気づかれずにいた出来事や，配列の仕方を探ること

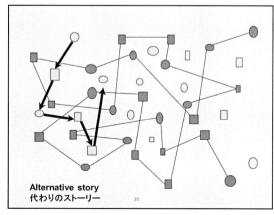

図3

ができればよいのです。そのために事実か作り話なのかの判断を置いておいて聞くことが必要なのです。今は時代が悪くて，事実関係ばかりを確認する社会になりつつある。それを客観的だと思っている人がいる。生きにくいですよね。事実関係には，その人の体験はそうなのだなと，「納得する」次元が含まれるのです。

　Alternative Story を作るのは，一人では困難な場合があります。対人援助者は，代わりのストーリーを共同で作る役を担っているとみることができます。たとえば，その人の体験をまず聴き受け取る。それを通して，体験の違った側面に気づいていかれる。このような聞き方の工夫をする。これがナラティヴ・アプローチです。ナラティヴ・セラピーは，もう少し技法的に，ストーリーを動かす介入を行います。そうすると出来事が単位ですから，何が出来事になるか，ということがけっこう大事になってきます。出来事はおおむね，感情体験です。語り聴く場で，思わずある出来事が浮かび上がるのは，面白い現象です。ここに支援に必要ないろんなものが含まれています。まずは人が安心して「こんなことあったんですよ」と語れるという場ができることが出発点です。

　もう一つ大事なことは，それらの出来事をつなぐのは誰かということです。クライエントを語り手とします。カウンセリングの場で多くのクライエントは，思わぬことがつながってくる体験をするようです。それによって「ああ，そんな自分もあるんだな」と自分がはっきりしてくる。面接の後で自分が「はっきりしてくる」という方は多いです。これは，出来事をつなぐ私が動き出し，自己感覚，主体感を取り戻すような感じなのですね。思わぬ形で，忘れていた出来事がつながってくる。否定的で切り離してきた体験を自分のものとして受け取るということが，語りの中に入ってくる。ここに，聞き手の役割が欠かせない。出来事をつなぐことを支える立場なのです。これが，ナラティヴは語り手聞き手の共同作業であると言われることで，心理支援の基盤でもあります。

　そうしますとナラティヴの実践場面は，どういうものがあるのかということが課題となります。以前，身近な方たちと一緒に，『臨床ナラティヴアプローチ』というものを，まとめました。そこに，多様な現場があがっていますので，また参考にしていただければと思います。

Ⅱ．想起と語り　自己の回復

施設における個性の埋没

　心理療法の出発点は，いうまでもなくフロイトの『ヒステリー研究』に出てく

るアンナ・Oという患者さんが，フロイトの先輩にあたるブロイヤーの方法を「お話療法」（talking cure）と名づけたあたりに端を発しています。その方法は患者さんに，一つ一つの症状が出た最初の出来事へとさかのぼって詳細に思い起こし語るという方法です。

　思い起こし語り合うことが治療や支援につながるものの中で，回想法は，直接想起を使うという意味で，病院や施設でよく使われています。また精神科病院でかなり慢性の方に，幼い頃のことを思い出してみることの治療的意味について報告があります。病院や施設という環境は，個人史が奪われやすい。いろんな人が述べていますが，ナラティヴについて共同でやってきた山口智子さんのグループでは，施設に長年いると，入居者が「自分自身であり続けることが困難になる」ことに注目しています。その危機感は職員の側も共有されます。職員自身も自分自身であり続けることが難しくなる。波多野純も福祉の立場から「介護職員から見て施設入居高齢者は，個人史を持たない存在となりがち」であるといいます。入所しているこの人がどんな人生だったかということに関心をもてなくなる。これは，どう見ればよいのでしょうか。病院，施設は人の個性を消していくのですよ。

　もう一つ司法関係，刑務所で仕事をしているセラピストも何人か知っています。たとえば矯正教育の集団ワークに，音楽を介した形で実践している松本佳久子さんです。あなたの思い出となる音楽を教えてくださいとアプローチし，グループで一緒に演奏します。そのセッションで，メンバー一人一人の人生の出来事が，驚くほどよみがえっていくのです。当然ですが，個人史の回復が自己の回復につながります。こういう地道な実践が，あちこちで行われてきています。これが，広い意味でのナラティヴ実践の取り組みです。

一人ひとりの生活　人生

　一つ簡単な例をご紹介しましょう。グループホームの場面です。コラージュって皆さんご存知でしょうか。雑誌から好きなものを切り取って台紙に張るという非常に簡単なワークです。グループで，和気あいあいとしながら，作業を進めます。これを卒論テーマにした学生がいましてね。彼女が接した利用者の中で，印象に残る人がいました。男性のアイドル写真ばかり選んでいるおばあさんがいると。80歳過ぎた方で，軽度認知症がある方で。そのコラージュ作品は残念ながら，手元にはありませんが。若いアイドルを切り抜くときに，いちどその足の一

部を間違って切り取ってしまい，その紙片が行方不明になってしまった。切り抜きに向かって「痛かったやろ。ごめん」としきりに謝っていたといいます。だいたい想像つきますね。馬場さんという学生さんに，その女性が身の上話を語られます。切り抜いた紙片を貼りながら，自分には子どもがいなかったため，養子をもらったこと，男性アイドルが孫に似ていたため選んだこと，雑誌のなかで他に気に入ったものがなかったようです。できあがった作品では，アイドルのそばにワインと花をおき，「＊＊は花が好きやったでの。お酒飲ませてあげようと思って。乾杯や」「血が繋がってえんでもやっぱりかわいいんでなあ」とおっしゃる。

　ここで，馬場さんからの話に，施設の職員はびっくりされたようです。施設ではあんまり話されないのです。この孫みたいな女子学生に，ぽつりぽつりと話されたことは職員もあまり知らなかったことらしいです。人は，自分の身の上話をどういう瞬間に語りだすのでしょうか。人が「語り出す瞬間」は，いろんな施設で，そこかしこにあるようですがただ，どこかそれを見過ごしてしまうことも多いようです。ナラティヴ・アプローチは，その瞬間を捉える視点を与えます。その人の私がパッと現れる瞬間があります。その時は，私はカウンセラーだとか，施設の職員，医師，看護師であるとかという役割を離れて，こちらも素の人になるという瞬間です。専門家のモードが変わるのです。こちらのモードのシフトがあると相手の風景が変わります。ただ実際には，このシフトが専門職も困難です。施設に入っている方も職員も，個性をなくしている。この環境の中で，いわばエビデンスを頼りに働く。こういうことに今，どうもなりがちです。

　思い起こすことと語ることがどういう関係なのか，これを少し探求しました。それが最初の論文「緊張と物語─聴覚的総合による出来事の変形」（1994）です。その中でピエール・ジャネというフランスの心理学者に注目しました。記憶とは，語ること。記憶とは，自分に語ることなのだというジャネの考え方には惹かれました。

左手で書く

　今日は時間がないのでできませんが，簡単な方法です。「字をはじめて習った時のことを，一人でゆっくりと思い起こしましょう」。浮かび上がってきたら，画用紙に向かって，クレヨンを用意します。聴き手と反対の手で。その頃に呼ばれていたニックネームというか，友達の名前を書いてもらうのです。文字でも絵でもよいので，最初は書きにくいですが，だんだんできます。けっこう不思議な

感覚です。

描くと思い出す

　奈良の旧少年刑務所です。建物が文化財的なものとして保存されています。そこでかれこれ20年前になりますか，グループカウンセリングにて，この方法を使いたいと技官の方が来られましてね。どこがお役に立ちますかねと聞きました。少年たちには，人生を振り返ることが必要なのですが，人生のあちこちが抜けているのですとおっしゃいます。「自分を感じる」ために，こういったものを導入してみたいと。そのときの少年たちの感想文です。刑務所では毎回必ず振り返り文を書きますね。たとえばある少年は，7歳小学校1年生のころを思い起こします。父親が母親に暴力をふるったことや8歳のころ，「母親に返ってきてほしい」と思ったことなどをグループで語ります。一方，「左手で描く」では，木と山を描き，「ハイキングにお父さんに連れて行ってもらい，家族で弁当を食べたことを思い出した」と語っています。「あまり楽しい思い出はないと思っていたのに不思議と思い出しました」。このように感想を書いています。

　同様に父親の暴力を思い出した別の少年が，左手で描くではサッカーボールを蹴って父親と遊んだ思い出と，母といっしょに植えたひまわりの絵を描く。その楽しかった様子を皆にいきいきと語っています。グループで，どんどん思い出と連想が広がっていくのですね。そういう実践がありました。

　昔を取り戻すことは，まさに自分を取り戻すことだと素朴に思いました。いろんな方々が，小さい頃を思い出しながら，こんなこと，あんなことしたなあといろいろ考えている。

Ⅲ．病の語り

　ここまでのところで，ナラティヴ・アプローチはつねに名前を持った個人に接近するということがお分かりになったかと思います。あなたと私が描かれます。医学やサイエンスの世界では個人はふつう出てこない。ところがナラティヴは，個人を出すのです。逆なのです。それって大丈夫か。文学か何かじゃないのという声も聞こえてきます。個人のライフストーリーの中に潜在するリソースがある。そこを掘り起こす作業が，ナラティヴの臨床テーマになっているのです。それから，もう一つのキーワードは「意味」です。つまりこの病気が，個人にとってどういう意味を持っているのか。意味の世界に焦点をあてる。さらに「語り手

と聴き手との関係が物語を作る」という観点をあげておきます。物語は固定しやすいです。固まりやすい物語を，関係を通じて少しだけ動かす。これが我々のナラティヴ・アプローチです。したがって，物語は当事者にとっての現実の構成と深く結びついている。これもあとでもう少し，考えていきましょう。

納得のための物語，病気はVIP

　一つの実際例をご覧ください。研究仲間の方々がもう20年ほど前からですかね。病気の体験，障害の体験を一人一人に聴き取るという実践をしています。あなたの病気の体験をききたいのですと。障害をお持ちの方のお宅にも訪問して，卒論や修士論文書きましたね。こういう研究領域を先駆的に開発したある先生の例をお借りしました。驚く例です。

　がん告知をしなかった時代がありました。想像つきますか？たしかにそういう時代があった。私の母親もそうでした。60歳代でなくなったのですが，末期の癌でした。その時も，告知しなかったです。大変だった。家族としては。

　この例は50歳代の男性です。多臓器に癌が転移しておられて，外科治療が困難，もう何か月ももたないだろうという診断です。ただご本人に告知されておらず，胃潰瘍とか別の病名で伝えられていた。しかしご本人はもう，重大な病気ということには気がついている。にもかかわらず，告知を恐れている。しかも，主治医やナースなどスタッフは，この男性の切羽詰まった雰囲気にたじろぎ，あたりさわりない関わりしかもてないでいる。ある時代の医療の現場です。深い関係をもつことを意図的に避ける。スタッフが「頑張ってね」と言いつつ，さっと去っていく。患者さんは，深い孤立感と不安感と絶望感の中で，苦しみ眠れない。精神科からリエゾンという形でのサポートが可能だったかもしれませんが。

　この例ではあるナースが，サポートをされているわけです。このナースは，他のナースと違っているというのですね。ここに，患者さんの言葉が出ています。「自分と接するのを，怖がったり嫌がったりしない。正面から手を差し伸べてくれる人だなあとわかった」と。これなのですね。正面から手を差し伸べてくれる。“この私”に，ナースが気持ちを向けてくれた。これが分かると安心する。これ普通のことですよね。でも現場では，この普通のことが成り立ちにくい状況になっている。

　この男性は，みるみる元気になります。このナースとの会話は詳しくは出ていませんが，話を交わす中で，病名告知を受けたでしょう。彼は自分からその病名

を迎えようとしたのです。この方は，商社マンの部長だった。「これまで修羅場を乗り越えてきた自分はこんなことでくじけない。重要な客じゃないか。ベリーインポータントパーソン。そのように位置づけなおして，迎えます」と。詳しくは，上野蠶先生の記録に出ています。一番避けたいいやなものに，名前を付け直す。リ・ラベリングの作業です。自分の病気をVIPだと。この言葉は，ナースが述べたのではなく，この患者さんが自分の体験の中で，この病気ってVIPだと名づけ直した。これによって，意味が変わります。病気をVIPとして丁重に迎えようとされた。これをリ・ラベリングといいます。ナラティヴ・セラピーでは積極的に介入する形で使うことがあります。この方は自然にやっていた。名前をつけなおす。その後はどうなったか。もちろん，余命は長くはなかったけれど，いったん自宅に戻るまで回復し，息子さんの結婚式に出られるとかなさったようです。このような例は医学的に，根拠づけにくいところがありますよね。

　このようなことが生じるのはこのナースのとった姿勢が大きいと思われますが，それだけではないでしょう。出来事は，単にそれを思い起こすだけでは，その人に変化を起こすわけではない。むしろこの例の場合，出来事をVIPとして意味づけ直すことによって，出来事が新たに構成され，新たな現実を作り出す。そして新たに確認されることが，次に向かう力を生み出すのです。

　ニーマイヤー（Robert A. Neimeyer）は，グリーフセラピーで著名な人ですが，【マッピングシステム】に出来事を位置づけることと言い換えています。マッピング，自分自身が生きている地図があるでしょう？目をそむけたくなる出来事も，自分自身が体験しているものとして位置づけるということなのです。そこには「真正面から目を差し向ける他者の存在」があるかないかで全然違います。私は，これがおおむねナラティヴ・アプローチの実践基盤だと思っています。

小声で語られること

　このようなことは普通にやっていることで，特殊な技法というわけではないでしょう。ただ，相談に来られる方々，援助の場面は多様ですよね。出来事が少しでも意味づけられたらといいますが，こういう方がいらっしゃいませんか？「僕には，これまで生きてきた中で大丈夫だったことなんか何ひとつなかったのです」。先ほどの図ですべて赤という人生。ええことなんかありません，人生を振り返りたくなんかありませんと，拒否される方がいらっしゃいますよね。時代がほんとに厳しいですよね。しかしその時にも，ちょっとこう自分の言葉で，体験

にふさわしい小さな物語を発掘するというところに，ナラティヴのささやかな視点が活きるのです。

　学校や施設で，いろんな少年たちや先生たち指導員たちのナラティヴを集めてこられた山本智子さんの例ですが，山下さんという男性は，成人になってから，ある診断を受けた。発達障害の就労支援の場です。非常にまじめな方で好成績あげて，面接を受けるだけで就労につながると山下さんには，職員皆が期待したのです。ところが，面接当日に行かなかった。皆がっくりとなっていました。山本さんが声をかけた。すると山下さんは淡々と「僕はよっぽどのことが起きる人間なのです。今までもずっとそうだったのです。だからもし，受かると思って期待して行って落ちたとき，もう僕は壊れてしまう，絶対に。壊れるくらいなら，行かないと決めたんです」と言った。「職員は今までここ（施設）で頑張ってきたことを守っていれば大丈夫，大丈夫って。絶対に大丈夫だなんて言える人いますか。今までだって僕には大丈夫だったことなんか何ひとつなかったんですから」。

　さて皆さん，この方にどういう支援が可能でしょうか。私もすぐに答えは出ません。でも，小声でNoという力はあった。面接に行かなかったのは，この人の力であるととらえることもできます。ここを支えるのが一つの支援でしょうね。大きな課題ですけれども。

病気や怪我の体験を振り返る

　これも実習でよくやるのですが，だれもが一つや二つはあるでしょう。身体の痛みの体験を思い起こしてみて，差し支えなければ聞き手に語っていただき，絵で描いていただいたりします。それをもとに，痛みの体験をどのように人に伝えますか。どのように聞いてもらったら，助かりますか？という課題をシェアし合うのです。ここで私の例を（笑）。私も何年か前に，こんな体験をしました。「疲れがたまっておなか痛になりました。吐いてものが食べられん」。隣のベッドに担ぎ込まれた女性が横になって苦しみ唸っていました。実は私も肺炎にかかって，抗生剤の点滴を受けていました。その最中でベッドに横たわっていました。カーテン越しに，隣の患者と医者とのやりとりを聞かされる羽目になったのです。「疲れなんかで食中毒にならへん。夕べ何食べた」と，医者が怒鳴っています。患者さんは「疲れで弱っていました。何食べたか…食べられへんかったから…」と繰り返す。「食べたものが悪い，それを特定しないと治療ができない」と医者はブツブツおっしゃる。隣にいた看護師さんが思い余ってか，優しい言葉が

けで，昨晩何食べたんか，と聞いてくる。患者さんは「焼き魚やったし，そんな悪いもん食べてへん」と看護師に話している。

　さてこの場面でお伝えしたいことは，医者も患者も，何が悪かったのか，原因を探る作業で共通しているということです。お医者さんは専門家ですから，当然のこと，食中毒と判断し何が原因かを特定することが緊急の作業です。一方，患者さんも，「疲れがたまっておなか痛になりました」と自ら原因を探しているのです。その方向性はまったく異なりますが，原因を探るという点では同じなのです。当然私も，こうなった原因を探っています（笑）。当たり前でしょう？患者となったら，だれもが探りますよね。何が悪かったのかなあと。原因を探るストーリーが切実で，ある意味一番わかりやすいのは，医療の場なのです。ベッドに横たわる私の内省はしきりに動きます。おおむねあれが悪かった，これが悪かったと，まさに赤の点がつながっていくのです。

私の病の語り

　思わず私も聞いてしまいました。「なんで肺炎なんかなったんですか」。「分からない」と医者は首を横に振る。個人の出来事を聞く場でもありません。ただ私の方は自分の病気で，切実です。出来事と出来事をつないで，納得できる関連を見つけようとします。これがストーリーです。もちろんここに耳を傾ける人はあまりいません。小声でつぶやくか，内心でつぶやくくらいでしょう。

　ナラティヴ・アプローチはもう少し，聞き手が関わって，積極的に病気の意味を問っていこうとします。病気という出来事が，個人の体験世界への位置取りが定まっていくまでのプロセスに付き合っていこうとします。患者になると，原因だけではなく，予後がさらに問題になります。これから自分はどうなってしまうのだろうということが切実です。病気とつき合うときの動揺と不安は一人では耐えがたいときがあります。

　医療専門家も，患者当事者も，病気に関してある説明をつけようとしている点では同列です。そう考えると，病気についての説明は，必ずしも一つではない。医療専門家の説明モデルだけが唯一ではない。いったんこのように考えてみることもできるでしょう。そりゃそうでしょう。患者さんは患者さんで，家族は家族で，皆自分の病気に関して何らかのストーリーをもっている。ただ，その考えは医療の場でまず聞かれることもないし，対象にもされません。

病気の意味を問う

　アーサー・クラインマンは，これを聞いてみようとした。ハーバードの社会医学の教授でした。患者が自分の病気に関してどのようなストーリーを持っているか，これを聴くことが，医療の質をあげていくことを示したのです。一つの病気（sickness）には，少なくとも2つの説明モデルがある。医療者がとらえる疾患（disease）と患者当事者が体験している病い（illness）です。英語でもこのように分けられます。しかも前者は可能な限り，可視化しデータ化していくのに対して，後者は語り聞かれることで形になっていくものです。臨床の場は非常に厳しい場ですよね。徹底的に，原因—結果論で行く。因果論（causality）と言いますけれども。生体と環境に関わる物理的，化学的な影響関係を因果論で徹底して解明していく視点，これは医学で徹底していますよね。私の主治医もそうでした。どの病気もすべて原因があると言い切っていました。

　ただ，医師だけでなく患者さんも，実際には原因を探しているのです。その場合の因果論は，あれが悪かったからこうなったという連関すなわち，「出来事」と「出来事」を関係づけたり，そこに類似の構造を発見したりする視点からくるもので，医療者の因果論とは次元が違います。

準−原因性

　ドゥルーズという哲学者は後者の因果論を準−原因性（semi-causality）と名づけました。準−原因性とは何かということですが，根拠ははっきりしないが，にもかかわらず二つの出来事に関連があり，何らかの連続性があるとみるとき，二つの出来事は準−原因性によって結ばれているととらえる。まず根拠がはっきりしないのです。だから，専門家は聞くにあたらないと切り捨てようとしますがでも，何か関連があると感じているのは患者さんなのですよ。それを準−原因性で結ばれていると，とらえなおしてもいいと思います。準−原因性とは，ずばりナラティヴです。臨床の世界は，原因性だけではしっくりいかないと思っているのです。ここが絡んでくるわけなのです。準−原因性，ナラティヴが。なぜでしょうか。

事実と体験の意味

　皆さん，医療の方にお尋ねしますが，患者さんの自己報告あてになりますか？事実なのか体験の意味を述べているのか区別がつきにくいときがありませんか？

痛い痛いと言っているけれども，なんか，よくわからない。かといって痛みについていろいろ話され，長々それにつきあっていくと大変なので。まず，レントゲン！となる。まず事実の収集と検査が必要。そこで患部が特定できたら，ここが痛んでいるからと説明がつき，対処も導かれます。明確なラインです。医療に限らず今や，ほとんどの対人援助の場は，まずは事実の収集から始まります。利用者来談者のセルフレポートは，参考にはするけど，あてにはならない。しかし，そこで大事なものを失ってしまってはいないでしょうか。私たちはそう考えたいのです。客観的事実からはみ出すものを，大事にする。これを臨床実践におけるナラティヴ・アプローチとします。時間が迫ってきているのですが，あと10分程度で終わらせたいと思います。

Ⅳ. 人が語り始める時　当事者の視点

4つ目のところは，当事者のアプローチということで話を展開します。ナラティヴ・セラピーのグループは，オーストラリアとニュージーランドが一つの拠点なのです。最近はカナダ，それから南米です。欧米世界の中心から見ると周辺ですね。しかも欧米からの植民地という歴史がある。ここに，先住民との関係が絡んでいます。オーストラリアではアボリジニ，ニュージーランドではマオリら先住民がいる。かつてイギリス本国から直輸入でオーストラリアにいろんな医療が入ってきました。多くのアボリジニの方々が何世代にもわたって貧困に追いやられ，暴力の連鎖とアディクションで苦しんでいる。それに対して，グローバルなスタンダードによって，トラウマの治療を試みる。しかし彼らの病苦をそのような治療の対象としてよいのかという深刻な反省が1980年代の終わりごろから始まったのです。

2011年にシドニーで，心理療法のワールドコングレスがあったのです。その開会式では，アボリジニの伝統療法World Dreaming「世界を夢見る」が大会テーマになっていました。先住民に対して行ったことへの深い反省がある。大事なのは，彼らがどのような世界を生きて，どんな言葉を話し，自分たちの状態をどのように捉えているかということに謙虚に向かおうではないか。どうやら，ナラティヴ・セラピーというのは，ここに関わるのではないか。

体験者は，どうやって被爆を語り始めたか

私の研究仲間も，広島の被ばく，沖縄戦，神戸の大空襲などいわゆる戦争期の

体験談を聴き取るというフィールド調査に向かう人が増えてきました。これは松尾純子さんの調査ですが，広島の被爆者の方たちは，実は語らなかった。今は公的に語る場ができて久しいのですが，それも戦後ずいぶん経ってです。つまり体験を語るということ自体が，大変なのです。松尾さんは被爆者が体験を語り始める状況の変遷をたどっています。そこで見いだされたことの中で，語り聞くことの現場性に共有されるべきことがあります。それは，語り方は聞き手によって異なるということです。語りは，聞き手で変わるのです。事実関係は，聞き手で変わる。聞き手に応じて，そして歴史や社会の状況，文脈に応じてナラティヴ，ストーリーによる意味は動くというわけです。こんな不安定なデータなど研究では使えませんというのが，おおむねマジョリティーです（笑）。たしかにナラティヴ・アプローチの研究は大変です。今でもかなり言われます。こんなふうに聞き手に応じて変わったら，何を根拠にデータにするのですかと怒られる。それに対しては，いろいろディフェンス可能ですが，これについては，後で，シンポジウムでやりましょう。

語りえないものは隠蔽される

　これまでのところナラティヴは，対話の中で普通に起きていることがわかります。それでは，語られるものがすべてなのか。逆にいうと，語られないものは隠蔽されてしまう。この問題は大きいですよ。その場や状況の中で受け入れやすい物語が定型化してしまう。これをドミナント・ストーリーと言います。定型的な物語の形成には力関係や集合性が絡んでいます。物語づくりにはいろんな人が加担しますから。

　困ったことに，いわゆる専門家の診断用語は，定型化を生みやすいです。今ですと，発達障害とうつですね。うつを起点にして患者を診ると，うつのストーリーに乗せて，患者の状態や報告が意味づけられてしまうことに陥りやすい。これ，ドミナントです。専門家もへたをすると，ドミナント・ストーリーを作ることに加担してしまう。ここは非常にシリアスな問題なのですね。当事者主体に他者が関わることにより，現実が構成されるということは，病気や障害という現実を作り，固めることに専門家も加担することがあるということです。そうすると，私たちは当事者の語ることに向かう時には，一旦自分たちが持っているドミナントなものを，しばらく忘れることが必要です。この態度を，ナラティヴ・アプローチはいろんな形で述べています。トレーニングも必要です。

素の時間

　端的に述べましょう。一番大事なのは「素になること」です。樽味さんという精神科医の言葉です。30歳代で亡くなられたけれども，遺著として編集された書物の中に，次のようなエピソードが残されています。ある当直の晩，消灯後の午前1時頃，ある患者さんが不眠を訴えだした。当直の婦長から電話をうけ，赴任して一か月たったばかりの若い医師は病棟に向かいました。この女性患者は長年入院していて，また荒れているのかなと思ったようです。行ってみると，女性は詰所のカウンターに頬杖を突いて，窓越しにニコニコしながら挨拶した。意外でした。せっかくなのでと，詰所に入って話すことになった。彼女は，不眠にさして困っているわけではないと言いつつ，入院は30年に及び，今では家族がどこに行ってしまったかもわからないと言う。そして，話は患者の若い頃の話になった。

　当時ウェイトレスをしていてよくもてたこと，幻聴が聞こえるようになり死のうと思ったこと，2・3時間歩いて港まで行ったこと，お腹がすいてサンドイッチを買ったが犬が来たのであげてしまったこと，浜で座っていたら警察が来て入院させられたこと，などを語った。まあ，入院治療に至ったエピソードですよね。こういうのを，ぽつりぽつりと，懐かしそうに話される。樽味さんには何やら感傷とさみしさと，安らぎみたいなものさえ感じられたといいます。それは，「治療者？病者」という関係や医師としての役割などから解除された，いわゆる「夜話といった趣」だったという。まさに，モードが変わるのです。「私は聞いていただけだった。それは努力したわけではなく，詰まるところ何もしてはおらず，単に自然に聞き入っていただけだった。」これを，樽味さんは「素の時間」と名づけています。

　以前東京の府中刑務所の研修に呼ばれてこういった話を刑務官たちにしました。実際には，刑務所でも「素の時間あります」と後で，立ち話で話してこられ，びっくりしました。刑務所で，個人の接触は，普通はあってはならないこと。個人の話はできないのですが，そういう時には，私は刑務官ではない。相手もそこでは，刑に服する人でない。やわらかく，時間が自然に過ぎていく。これを素の時間といいます。

こちらの「地図」をいったんおいておく

　ですから我々にとって大事な態度は，「こちらが持っている地図をいったんお

いておく」。これがポイントですね。しかしこれ，やっかいですね。専門家で優秀な人ほど，地図をしっかりもっていますから。もちろん全部捨てるのではありません。一旦おいておく。診断名が出ているからといって，それでわかりやすい物語をつくらない。たとえばASDだから，やっぱりこうなのだねというストーリーを一旦おいておく。そしてどんなふうにその人が困難を体験しているかに焦点をあてるのです。その病いを，障害をどのように体験しているかは，一人一人異なります。そして問題や症状，障害は個人の生活の中で，様々な意味を生むのです。

不確かさに耐えること

　さまざまな価値判断を宙吊りにしたまま，相手の言葉，世界に身を置くことが治療・支援の出発点になる。このような態度について，いろんな人がいろんな言葉で言っています。「不確かさに耐える」とか，「ネガティブケイパビリティ」。作家で医師の帚木蓬生さんは，『ネガティブケイパビリティ』といういい本を出しています。私は「負の受容力」と訳しています。結論を急ぐのではなく，事態の曖昧さにしばらくまかせ一緒にいる力です。

　意味という言葉にも注意が必要です。ナラティヴは出来事の意味を構成するという方向性が強調されやすいのですが，意味づけを急がないことです。出来事の意味はその時はわからない，後からわかることが多いです。このようなスタンスをできるだけ維持しながら，いろんな現場で接していく。そうすると，人がふと語り始める。物語が動き出す瞬間です。

人が語り始めるとき

　ナラティヴには，人との出会いが必要なのです。人との出会いは，そう簡単に起きません。まさに個性を失いやすい場面ではなかなか難しいです。だからこそ偶然やハプニングが人生で起きることの不思議さに注目したいのです。意図的には出会えません。偶然出会うのです。語りが生じるとき，ある種の安全感がないといけないと思う。心理的安全感がとくに大切です。ここは守られている，安心だということがあって，何か新たなことが生まれてくる。樽味さんの夜話の世界もそうかなと思います。夜中の病棟内で樽味さんが，自然な素の顔で現れたとき，二人の間に安全感が生まれた。また先ほどのVIPの事例もそうですよね。安全感。語られていることが事実か虚構かという判断はおいて，そばにいて耳を傾

けるということです。私がお伝えしたいことは，これだけなのです。

　あとは，まとめをご覧いただければと思いますが，要はナラティヴがなぜこんなに注目されているのかについて少し補足が入っています。時代は，そして科学も変わったのですよね。従来の科学は，普遍知，まさに真理を求めてきました。しかし人間科学の隆盛期を迎え，さまざまなフィールドで実践に入ることが要請されるようになりました。現場に潜む対話的な瞬間を活かし，それを実践知へと磨き上げていくような新たな科学が求められるようになったのです。

　医学もサイエンスでかつアートですよね。そのアート部分に光が当たってきました。ローカルな知。特定の文脈の限定された場面での理解とか。そういったものの可能性，知が形成される途上のことを科学の題材としてあげていこうという動きが生じた。その中でナラティヴという観点が注目されてきたのです。

V. まとめ　実践のモメント

一緒につくる知（withness knowing）

　ジョン・ショッター（Shotter, J.）の言葉です。またお調べください。あいにく，日本語訳はないのですが。従来の科学知，すなわち対象を何かと特定し分類する知に対して，もう一つ，対象がどうあるのかをいっしょに作り，かかわりの内側から探っていく知があるということを，明確に打ち出した心理学者です。

もう一つの心理学

　それからブルーナー（Bruner, J.）ですね。これらも，基本書です。ブルーナーという大物心理学者です。100年以上生きて，生涯現役でした。ブルーナーという功名な心理学者が，ナラティヴ・モードの心理学があるということを言い出したために，他の心理学者たちも，しぶしぶ認めている（笑）。まだ，しぶしぶくらいなのです。ナラティヴ・モードの心理学とは，「出来事と出来事の間をつなぎ筋立てることによる説明の真実さをよりどころとする心理学である」と，ブルーナーが述べています。その引用などまたご覧ください。

　「統計学を超える物語の力」ナラティヴは統計学を超えるものがある。これ大事ですね。齋藤清二先生や岸本寛史先生たちが『NBMの臨床研究』という本を翻訳されています。そこに書いてあった言葉です。これは驚きましたよ。アメリカでは，保険会社がかかわって，ナラティヴの実践研究の効果について，実際に調査が行われています。統計学，今話題ですね。統計がひどいという話でしたが

（笑）『統計は最強の武器』という本も以前に話題を集めましたが，要は統計も使い方ですね。統計を補う物語の力があるということです。余談ですけれども，広島のマツダという会社が今，立命館の同僚と提携して，ナラティヴを使って，市場のマーケティングをしているのです。数量的なマーケティングでは足らないところを物語が補うのです。トヨタは数量。マツダは，ナラティヴでいきますということらしいですけれども。つまり顧客が，車を購入するまでのストーリーを聴きとり描くのです。どういうふうに，車を買い求めるのか。そのストーリーの帰結点を新車の購入とすると，そこに至るストーリーはお客さん一人一人違います。でも必ず，誰もが通過する点がある。サトウタツヤさんたちは，それを必須通過点として，経路図を作るという方法を開発しています。それを探求するとマーケットにつながる。プロセスは数量データでは描けない。ここを少し強調しておきましょうか。

　あとは，引用文献などでご覧いただけたらと思います。時間が来ましたので，これで私の方のお話終わらせていただきます。

■ 文献

Bruner, J. S. (1986). *Actual mind, Possible world.* Harvard University Press. Cambridge. 田中一彦（訳）（1998）『可能世界の心理』みすず書房

Bruner, J. S. (1990). *Acts of Meaning.* Harvard University Press. Cambridge. 岡本夏木，仲渡一美，吉村啓子（訳）（1999）『意味の復権』，ミネルヴァ書房.

Charon, R. (2008). *Narrative Medicine: Honoring the Stories of Illness.* Oxford University Press. 斎藤清二・岸本寛史・宮田靖志（訳）（2011）『ナラティブ・メディスン―物語能力が医療を変える』医学書院.

Greenhalgh, T. & Hurwitz, S. (eds.) (1998). *Narrative Based Medicine.* London: BMJ Books. 斎藤清二・岸本寛史（訳）（2001）『ナラティブ・ベイスト・メディスン』金剛出版.

波多野純（2011）．介護施設における高齢者の非人間化について．臨床心理学11-4，583-594.

Hurwitz, B., Greenhalgh, T. & Skultans, V. (eds.) (2004). *Narrative Research in Health and Illness.* London: BMJ Books. 斎藤清二・岸本寛史（訳）（2009）『ナラティブ・ベイスト・メディスンの臨床研究』金剛出版.

河合隼雄（1993）．『物語と人間の科学』岩波書店.

Kleinman, A. (1988). *The Illness Narratives.* New York: Basic Books. 江口重幸・五木田紳・上野豪志（訳）（1996）『病いの語り』誠信書房.

森岡正芳（1994）．緊張と物語－聴覚的総合の効果について．心理学評論37-4，494-521.

森岡正芳（2002/2017）．『物語としての面接－ミメーシスと自己の変容』新曜社．

森岡正芳（2005）．『うつし　臨床の詩学』みすず書房．

森岡正芳編（2007）．『ナラティヴと心理療法』金剛出版．

森岡正芳（2012）．リメンバリング－喪失と回復の物語－．精神療法38-1，40-45．

森岡正芳編（2015）．『臨床ナラティヴアプローチ』ミネルヴァ書房．

Shotter, J. (2011). *Getting It: Withness-Thinking and the Dialogical in Practice.* Cresswell, NJ: Hampton Press.

樽味伸（2006）．『臨床の記述と義－樽味伸論文集』星和書店．

田澤安弘・橋本忠行編（2018）．『ナラティヴと心理アセスメント－協働的/治療的につなぐポイント』創元社．

White, M. & Epston, D. (1990) *Narrative Means and Therapeutic Ends.* New York: Norton. 小森康永（訳）（1992）『物語としての家族』金剛出版．

山口智子編（2012）．『老いのこころと寄り添うこころ－介護者・対人援助職のための心理学』遠見書房．

山本智子（2016）．『発達障害がある人のナラティヴを聴く：「あなた」の物語から学ぶ私たちのあり方』ミネルヴァ書房．

N：ナラティヴとケア第4号（2013）特集：心理支援としてのナラティヴアプローチ，遠見書房．

第Ⅱ部　シンポジウム

テーマ：ナラティヴ・アプローチと多職種連携

−ナラティヴをプラットフォームとしたつながりと創造−

前川（司会）：では時間になりましたので，第Ⅱ部のナラティヴ・アプローチと多職種連携をテーマにシンポジウムを始めさせていただきます。このたび進行役をさせていただきます香川大学医学部看護学科，基礎看護学を専門としております前川と申します。どうぞよろしくお願いいたします。

　主催の竹森先生には，毎年看護学科の『看護とコミュニケーション』という授業を担当していただいておりまして，それがご縁で本年度医学部に，臨床心理学科が開設されましたときに，こういった多職種によるナラティヴ・アプローチの研究をされるにあたりまして，お声がけいただきました。私自身も，このナラティヴ・アプローチにつきましてはまだまだ勉強中ですけれども，看護の分野で，教員もこの手法といいますか，ナラティヴに非常に関心があります。それで，こういった勉強会に積極的に参加させていただきたいというふうに思っております。

　今日は，前におられます5名の先生方から様々な活動内容のお話をお聞かせいただきながら，活発な意見交換ができたら，ディスカッションの場とさせていただけたらと思います。

　早速ですけれども，本日第Ⅱ部のシンポジストの先生方としまして，改めましてご紹介させていただきます。

　第Ⅰ部で基調講演をいただきました立命館大学の森岡先生です。

　看護の分野から京都学園大学健康医療学部看護学科准教授の和田恵美子先生，よろしくお願いします。

　臨床心理の分野から今回主催でもあります竹森元彦先生，よろしくお願いします。

　香川大学教育学部の伊藤裕康先生，よろしくお願いします。

　香川大学教育学部附属坂出中学校研究主任でおられる大和田俊先生，お願いします。

　一言ずつご挨拶やお言葉をいただきまして，そのあと，附属坂出中学校の

大和田先生と伊藤先生それから竹森先生の方から実践報告，実践発表ということでお題をいただきまして，そのあと意見交換・ディスカッションというふうにさせていただきたいと思います。ではお願いいたします。

森岡：とても楽しみにしております。多職種連携ということですよね。ディスカッションの方よろしくお願いします。

竹森：私はあとで実践発表させていただきますので，そこで考えたこととかもお話させていただけたらと思います。森岡先生のご講演はとてもわかりやすくて考えさせられることが多かったです。ありがとうございました。

伊藤：自己紹介ですか。教育学部の伊藤です。伊藤の「い」は一番大切なこと，「と」は当然と思うこと，「う」は疑うということ。社会科が専門なので批判的に考える，嘘にだまされない人をつくることかなと思っています。

大和田：附属坂出中学校で研究主任をしております，大和田と申します。本校では2013年から，物語ナラティヴに注目して研究しております。物語が，人の生き方に深くかかわっているというところで物語に注目し，そこのスライドにありますとおり「学ぶこと」と「生きること」をつないでいくということを主眼において研究を進めております。今日はよろしくお願いいたします。

前川（司会）：よろしくお願いいたします。このあと実践発表につきましては，３名の先生方からたっぷりと聞かせていただきます。まず和田先生から，これまでの活動分野，看護の分野からということでスライドの方，お願いいたします。

実践報告1

「身近にあった病いの語り」

京都学園大学健康医療学部看護学科　和田恵美子

　それではよろしくお願いします。京都から参りました和田と申します。10年ほど前に，実は森岡先生のいらっしゃった神戸大学にうかがった覚えがありまして，闘病記というものを勉強していますということでお目にかかった以来の再会，大変うれしく存じます。先ほどの基調講演をうかがって，視野が広くなり，もう目が覚めるような心境でおりまして，今ちょっと胸がいっぱいです。また，前川先生は前職で旧知の仲でして，この度はお声がけを頂きありがとうございます。資料にすべて載せてありますので，私の実践報告は，こんなことをしてきましたという話です。今の森岡先生のお話をうかがって私の頭の中にあることは，専門家である自分，たぶん専門家だろうと思うのですが，また専門家を育成する立場にある自分を素にすること，また専門家としての視点をいったん傍に横に置くというための活動であり教材作りであり，ということだったのかなあと思いながら話したいと思います。

　私自身が一昨年でしょうか，フリーアナウンサーの小林麻央さんという方が乳がんで亡くなられて随分，いわゆる闘病ブログというものが世間の注目を浴びました。そのようなICTの技術が全然発達していないころ，私自身は患者さん，病気療養者の方々がベッドサイドで自分の病気体験を書いている手記を目にしたことがありまして，まだ20代でした。そのことに何か意味があるのではないかなあ，なんでこんなにみんな書いているのかなあというのが出発点であります。

　一方，自分のその当時の上司が，全国のハンセン病療養所の研究をしていたところにつきあった

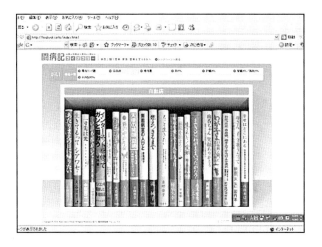

経験があったものですから，そこで見たものはあれ，別にその病気に苦しんだ方々が，書いているものってそんなに珍しいものではなくて，ハンセン病もありますし古くは結核文学というものもありますし，エイズなんかを最初に告白されたような方も著書を書かれていたと思います。先ほど森岡先生のお話でもありましたが，当時は戦争体験者の方も含めてですね，受苦，自分の悲哀の物語なんかは，「語らない」ということが美徳だというふうに考えられていたのだろうと思います。私が修士課程を終えまして就職の際には，「和田さん闘病記はいいけれど，今の70代80代の方はそんなことは出さない，書かない，言わない世代だよ。そのことと和田さんがどうスタンスをとっていくかは考えないとね。」と言われていたのが20年ぐらい前です。そこからめくるめくICTの技術が進んだものですから，今は1億総表現時代と，私も文化的にはまったくついていっておりません。もうソーシャルネットワークもわかりません。皆が書き，皆が発信し，当事者同士がつながると，そして，ポリシーメイキング，政策まで変えていこうというような時代に変わりました。その過程をたどってきた流れのご紹介になるような気もします。

　一方で，病気になる側がですね，とても闘病記と，今闘病記というジャンルだといって言われているのですが，まあ闘病なんていう言葉も造語だと言われていますが，それを必要とする方々もいるということがありました。しかし，いわゆる看護として専門家と言われる側としては，そんなものを図書館，あるいは病院の中の図書館に置きますと，医師から，読んだ人が自殺したらどうするのだとずいぶん反対を受けました。それらを置くことに苦労したということが数年あります。しかし，何度も何度も必要だということを申し上げながら，ちょうど国立がんセンターも含め，患者さん自身も情報難民といわれていましたので，（闘病記を）置くことが必要だという理解も得られてきた。専門家が定型化をした病名をつけた闘病記，実はこれ白血病といわれている患者さん，もしくはそのご家族の

方が書かれた闘病記ですが，全然あの題名みても白血病のことが書いてあるとわからないものばかりです。従って，逆の流れになりますが，手に取りたい人に取りやすいようにということで，辞書の逆引きのような形で，病名別に闘病記を分類したという活動をしたことがあります。しかし，自費出版も含めまして，全然流通に乗らない，もしくはデータベース化もされないような時代だったのですが，今こうして国会図書館にも闘病記というジャンルができあがりました。それを，実は私自身は病の当事者たちと共有をしあって，体験を話し合い，そこから生きる力を見出したいと思っていたのですが，そのようなことを大学で構想しましても，集まる方々もおられず，とりあえずは身近にいる学生さんたちと読み合い，自分が専門家である，専門家になっていく立場として，この体験談をどう読んでいけばいいのだろうか，どう振り返っていけばいいのだろうかという活動をしておりました。本をみんなで輪読しあって，自分の実践体験を振り返ったのです。

　そういうことを数年繰り返しておりますと，さきほど申し上げました通り，ICTの，いろんな波がありまして，次のような活動につながりました。ナラティヴが語る行為，あるいは語られたものであるならば，先ほどのものは文字に書いた，語られたものという闘病記だったと思うのですが，実際のものはオックスフォード大学のほうで開かれている，DIPExという，もう語る行為自体を当事者の動画をもっ

2. DIPEx-Japan（ディペックス・ジャパン）とは

- 英国オックスフォード大学プライマリーヘルスケア部門で作成されているDatabase of Individual Patient Experiences（2001〜，現healthtalk.org）のデータ収集・分析・公開の手法をモデルにした日本での公式サイト
- 乳がん（2009）、前立腺がん（2010）、認知症（2013）、大腸がん検診（2014）、臨床試験（2016）、慢性の痛み（2018）
- 1つの疾患につき、多様性確保のため30-50名にインタビュー（計270名超）
- 個々の同意に基づき、映像・音声・テキストの形で公開
- 語りはテーマ別に2-3分に編集、各疾患400前後の体験談（計2000超）

●「Healthtalk（ヘルストーク）」と「Youthhealthtalk（ユースヘルストーク）」という2つのウェブサイト
●Youthhealthtalk（ユースヘルストーク）は、16歳から25歳までの若者の語りだけを集めたウェブサイト
●合計3000人を超す患者や介護者、スクリーニング検査や臨床試験などの語り
●2015年2月、HealthtalkとYouthhealthtalkに収録されている体験は90種類に上る

てあるサイトにそれらを集めて，その情報を社会資源化，体験談を共有しようというリサーチグループがありまして，わが国でも是非必要なんじゃないかということで，研究費をいただきまして，DIPEx-Japanという名前で作るきっかけになりました。Database of Individual Patient Experiencesですので，個人の病の体験を本人が綴ると，語るということです。実際，その中では，本当にたくさんの病名ができあがっていまして，情報処方，ドクターが外来の場で，「あなたはこれからこんな病気だから，こんな病をたどるから，この情報を見なさい，役にたつよ」というような処方をされるような形で参照する位置，サイトになっています。これはすごく手間のかかる作業でして，（日本では）北は北海道，南は沖縄までそういうビデオカメラをもって歩き回ってですね，動画を撮る。本当にお話は2時間3時間尽きないものを，すべて逐語録に起こして必要な箇所のそれこそネーミングをして，クリップ別に動画にアップするという作業，大変時間とお金がかかります。まだ乳がん，前立腺がん，認知症，大腸がん検診，臨床試験，慢性の痛みというものにとどまっていますが。もし自分自身が病気になりましたら，ここになければまったく無意味なサイトですので，おそらくもっと網羅的なものが必要なのだろうというふうに思っています。向こうの素晴らしいところは，決して病というくくりも，病気がなにかということもありますが，病気の体験ではなくって，自分たちの健康を守るために，あるいは，低年齢層の若い人たちの体験も入れていこうということができあがっています。このような動きは，日本は3番目だったのですが，どんどん各国の協力が得られ始めまして，これだけの国の参加を得ています。

研究的にはですね，文化横断と言うのでしょうか，同じ胃がんでも，同じ痛みでも，同じ脳卒中でもどんな相違点があるかというところを分析していければいいのではないかなあというような活動であります。

こちらが，先ほど申し上げた日本でのサイトに

なります。なんとか科学研究費をとって増やしていきたいと思っていますが，なかなか進まない状況にはあります。テレビやメディアで取り上げられるとある日，閲覧数が急に増えて，そうでないときには閲覧数が減ってというような日々変化を繰り返しています。私としてはですね，先ほどの闘病記もまたこちらのDIPExもそうなのですけど，今日お見えの皆さんも健康だと思うのですが，いずれ加齢と共に，もしくはもうすでに何らかの健康ではない状態をもっているかと思います。病気とはだれもが常に初心者で，常に戸惑う。でも常に診療場面には不満があって，医療経験も不確かなままで，満足がいっていない。そうすると，専門家からの情報を離れてあるところでは患者集団の，当事者の集団に共通して，もしかして信頼できない未監修サイトかもしれないところから情報を得ようとする。もちろん，ソーシャルサポートとしてそれが勇気づけになるものもたくさんあるのですが，一方ではとても不確かな状況を生んでいるという危機感もあります。

　最初にDIPExをやりはじめたときには，かなり特に社会学，あるいは心理学の先生方から，和田さんここまでやったか，顔を出すまでやりましたかと随分ご批判を受けたんですけれども，「もし私があなた出ますか，この出ることのいろんなメリット，デメリットを請け負いますか」と言われたときに，逡巡したことがあります。今となってはですね，むしろ出たいと考える方が増えています。このDIPExサイト無関係にこう自分たちで発信をされるようになった大きな時代の変化があるなあと思っています。それで，今日は，教育，あるいは心理の先生方の中で異色かという気持ちもあったのですが，多職種連携というお題がありましたので，闘病記であれDIPExであれ，専門家どうしが教育的にどう扱っていけるかということを進めていかなければいけないんだろうと思っています。

　一方で，私も前川先生と同じ基礎看護におりますので，私どもは医療技術が，看護行為が，適切に行われるように，こういうような授業をします。どうでしょう，今死因の随分上に来ました大腸がんの第一検査である，検便の検査があります。それについて全くの素人の18歳19歳の1年生2年生に，指導をします。こんなふうにとるのだよ，こういうふうに注意をするのだよ，この中の血液が混じっていないかをとることによって，腸粘膜からの大腸がんと疑わしい，あるいはポリープと疑われる出血がないかを見るのだよということを教えます。まあ若い学生さんたちは全く経験がありませんし，私もつい最近ですね，大腸がんかもと思ってこういうことをし始めますと，まあ難しいです。和式トイレではない，水

洗トイレでこういうものをすることは本当に難しい。場合によってはですね，自動洗浄センサーで流れてしまって失敗したことも何度もあります。そのようなことを全然私たちは知らずに，このような検査の業界は受診率をあげようとか，なぜ次の精密検査を受けなかったのか，血が混じっていましたよとか。受けた側は痔かもしれないので受けなかった，渡すのが嫌だからやめといたかもしれない。効率的に次の医療につながらないことを問題視していながらですね。先ほどのDIPExのサイトに，大腸がん検診というちょっと異質なものがあります。なぜそれを受けなかったか，どう便をとるのが難しかったか，中にはですね視覚障害の方が，いかにそれが難しかったかというような本当にこと細かい語りが語られます。私たちは先ほどのような，スライドで教育をしますが，それを受けている側のことは実は一切知らないです。これが一検査ではありますが，がんの当事者，また他の病気もそうですが，5年生存率とかいろいろ言われます。明日検査を受ける，もう免罪符かな，もう再発してないかなというような，検査は，実は明日以降の生活を一変するような機会なのですが，私たちはうまく医療が運ぶようにこうしなさい，ああしなさい，ハウツーしか教えておりません。その中でいかに背景ですね，それを受けている受け手の物語ストーリーがあるかということを伝えていません。また，現場では，「なんでとれなかったの」「また今回も結果出ませんよ」ということしか言わなくなってしまいます。このような圧倒的に立場の違う対象者ですね，医療の受け手，当事者が，どんなことに苦しみ悩んでいるのかということを私たちがどう知るかということをこのような資料の中で，あるいはベッドサイドの手記の中で問われているのではないかなと思ってこのような活動をしております。私としては以上です。ありがとうございます。

実践報告2

「『学ぶこと』と『生きること』をつなぐ『ものがたり』」

香川大学教育学部附属坂出中学校　大和田　俊

　教育の分野において，ナラティヴ（物語）がどういうふうに活用できるのかということで実践報告させていただきます。よろしくお願いいたします。

　本校では研究テーマを「学ぶこと」と「生きること」をつなぐ「ものがたり」としています。これは一言で言いますと，物語の考え方を学校の教育実践に取り入れることで子どもたちに学ぶ意味や価値を実感させることを目指した研究です。ではまず物語とはなにか。本校では，2つ以上のできごとを結びつけて筋立てる行為ととらえています。たとえばある夫婦が，息子からもらったワインを飲んでいたとします。ちょうどワインが瓶の半分ほどになったとき，この夫婦はまだ半分もあるから十分に飲めると思っていました。しかしあるとき，このワインが買ったものではなく，息子が特別につくったものであることを知ります。皆さんならこの2つの出来事をどう結び付けますか。おそらく，まだ半分もあるという捉え方から，あと半分しかないというとらえかたになり，飲まずに大切にとっておこうとか，息子のことを思いながら大切に飲もうといった意味づけや価値づけになるのではないでしょうか。ワインは半分であるという出来事は変えられませんが，息子の手作りという出来事とつながることで捉え方が変わりました。これは出来事と出来事の結び付け方，つまり「ものがたり」が変わったからです。このことから，「ものがたり」が変われば，自分にとっての意味や価値が変わると考えることができます。このように「ものがたり」は私たちの意味や価値の実感に深くかかわっています。その「ものがたり」を教育実践の中に取り入れることで，子どもたちに学ぶ意味や価値を実感させたいと考えています。

　では具体的に，どのような授業なのか。「ものがたり」の授業にあたって私たちが大事にしているのはこの3点です。1．語り合う場を設けること。2．生徒のなかに新たな物語が生まれること。3．学んだことの意味や価値の実感につながること。では今から社会科の事例で説明していきます。まずひとつめ，語り合う場を設けることです。新たな物語が生まれるためには，語り合うことが必要です。次の動画は社会科の授業の場面です。7世紀，約30年間遣唐使を派遣しなかった倭国。にもかかわらず倭国はその30年間で着々と律令化をしていました。

では「どこから倭国は律令を学んだのか」という問いで語り合った場面です。生徒からは，唐から説，百済から説，決められない説など5つの説が語られました。その語り合いの一部をご覧ください。まず「唐から説」です。「(授業風景録音)　○○さんと似ているんですけど，遣唐使を派遣して，普通に唐が教えてくれるとは思わないんで，ちょっとは唐の文化を学んだと思うんですけど，独自の文化も自分たちで作っていって，それと組み合わせて律令を作った。」次に，「百済から説」です。「(授業風景録音)　まず，中国で百済が…百済が唐の手下のようなものになって，それで，手下におこぼれのような感じで少し文化などを分けたとして，それで資料5で，倭国は百済と最高の友好国だということがわかって，唐の文化を学んだ百済が倭国に伝えたのではないかと思いました。」次に「決められない説」です。「(授業風景録音)　3つの意見の中で，いろいろと仲が良かったからとかそういう意見もあったんですけど，最終的に倭国に律令を教えたっていう資料とかはないんで，まだどれが教えたかとかは決められないと思う。だから，決められない説にしました。」生徒は，このように，既習事項や資料の事実，素朴概念，自分の生活経験など過去の様々な出来事を自分なりに筋立て，「ものがたり」を語ります。そして，語り合うなかで，他者の異なる「ものがたり」に出会い，揺さぶられます。このことが次の新たな「ものがたり」を求める姿勢につながっていきます。

　では，次に2番目の新たな「ものがたり」が生まれることです。生徒は学ぶことの意味や価値を実感したとき，「○○がわかった」とは言いません。感嘆符つきで，「面白い！」とか「もっと学びたい！」といった感性的な表現や表情があらわれます。そのような学びにするためには，扱った題材に対する新たな「ものがたり」が生まれることが欠かせません。先ほどの社会科の実践では，例えばある生徒は「なぜ倭国は国名を変更したと考えますか」という問いに対して，画面のように「国の支配者が変わったから」とか「国が分かれたりくっついたりしたから」という「ものがたり」を構成していました。しかし，学習後には，次のように「新羅と友好関係を結ぶことで当時の最先端の律令を取り入れ，独立に成功したから」という新たな「ものがたり」を構成していました。生徒の中で題材に対する新たな「ものがたり」が構成されるために，では，どうすればいいのか。私たちが大切にしていることは3つあります。1つ目は，学習前の文脈，生徒の考えをしっかり把握すること。2つ目は新たな「ものがたり」に教科としての深まりがあること。3つ目は語り合いを通して，「ものがたり」が構成されていく

ことです。本校では，この３点を大切にした授業づくりのための具体的な問いの工夫や単元構成について，これまで提案してきました。詳しくはこれまでの研究紀要をご覧ください。

　３点目です。題材に対する新たな「ものがたり」が生まれても「あぁ楽しかったな」という認識にとどまり，意味や価値の実感，つまり，生徒の生き方につながるような学びには至らないケースもあります。例えば，先ほどの生徒の振り返りですが，確かに古代日本の独立についての新たな「ものがたり」は構成されています。しかし，この新たな「ものがたり」が現代に生きる自分にとって，どのような意味や価値があるのかについては語られていません。したがって，これだけでは自己の生き方，見方や感じ方が変わるような変容は起こっていないかもしれません。そこで私たちは，生徒が学んだことの意味や価値を実感するために，「自己に引きつけて語る」ということを重視しています。例えば，先ほどの社会科の実践で述べると，古代日本の独立についての新たな「ものがたり」を通して，その視点からもう一度，現代の日本の独立，さらには近未来の独立という自己を取り巻く世界を見つめ直し，その見え方や感じ方を語り直すということです。今回の社会科の授業では次のようなものがありました。少し読ませていただきます。「今の私のこの生活，あたり前かもしれないけど，滅亡の危機があったことを忘れずにいきたいです。しかも唐からの援軍要請だけでなく，元寇，ペリー来航，第二次世界大戦などたくさんの危機があったこともおぼえておきたいと思います。今のあたり前の日本をその時その時の日本のトップはどのように国を守ったかをこれからの歴史を学んでいきたいです。学習前の私は考えることもなかったけれど，これからの日本を私たちの世代で未来につなげていきたいと思いました。」本校では授業だけでなく，総合学習シャトルやCAN，道徳や特別活動など様々な教育活動を通じて，自己の学びの「ものがたり」を紡いでいくカリキュラムの在り方を研究しています。そうすることで「学ぶこと」と「生きること」をつなぎ，生涯にわたって学び続ける生徒を育成したいと考えています。

　最後に添付資料に載せたのは，本校の卒業生が卒業にあたり，三年間の学びを振り返って書いたものです。まさに自己の学びの「ものがたり」が紡がれていると思いませんか。以上で附属坂出中学校の実践報告を終わります。

実践報告3

「『学ぶこと』と『生きること』をつなぐ『ものがたり』から生まれる『物語り』」

香川大学教育学部　伊藤　裕康

　ここで，私は，大和田先生の話されたこと落ち穂拾いをしたいと思います。落ちこぼしばっかりかもしれませんけども。まず，何故，こういう立場にいるかというと，実は2012年から，13，14，15年と4年間附属坂出中学校の校長をいたしました。物語で社会科の授業を作りたいなというのが1990年の終わりぐらいからずっと思っていまして。なかなか難しくて，四苦八苦していたのです。本格的にそれに取り組み始めたのが，2000年が過ぎてからで，2000年の半ばくらい，2005，6年くらいから本格的に始めてきたのですけど。なぜそんなことを考えるかというと，私は大学の学部時代に，40年以上前になりますが，日本で多分最初に環境教育ってことの重要性を言われた，榊原康男先生ですが，この先生に「いっしょに環境教育の論文を書かないか」と言われて，私はそれを逃げ出したのですね。当時，環境教育をこれからやれば絶対メジャーになるなと思いましたが，とてもじゃないけどこれは生き方に係わって，いい加減な気持ちでやるものじゃないと思ったので逃げ出していました。ずーっとですね，その後環境教育というのが一般にも言われるようになってきましても逃げていました。でも，関心はもっていましたけどやりませんでした。しかし，いよいよ環境教育どころではなくなってきまして，今，ESDというのが言われていますけど。それをちょうどまた，これもちょっとESDやらなきゃいけないなと思い始めたのが，ちょうどその物語でずーっとどうにかできないかなと思っていたのと重なって。で，何故，ESDと物語が重なったかというと，環境教育をやっている時に，これ傍観者の立場で物事見ちゃいけないなと思っていました。どうしたら当事者としての立場で物事が見えるような子どもたちを育てられるのかというのが，ずっと頭にあったのです。なかなか難しくて。みんながみんな当事者にはなれないよと。例えば，事故かなんかで突如，不慮の事故で体が不自由になった場合に，友だちが見舞いに行ってね，色々話して慰めたとしても，「お前，俺の気持ちがわかるか」って言われたらわかりませんよね，完全にはね。そう言われると，非当事者になっちゃうわけです。だから，どうしたらいいのかなと思ったときに当事者

性っていうことを思いまして。でいろいろそれでやっていくうちに，当事者性を持つのは物語の授業だろうという方向が決まりまして。校長になって附属に行きましたら，たまたま2010年から附属は物語，ナラティヴっていうのを，CANという，さっきCANっていう話が出ましたが，総合的な学習でCANというのをやっていて，CANのNはナラティヴですね。やっていたので，じゃあ本格的な授業づくりでやりましょうよってことで，「物語り」をやっていただくようになりました。そういう意味で附属坂出中学校の実践にはどういう意味があるのかな，私が思っている意味ですけれど，をお話しします。

　1番目，「学ぶこと」と「生きること」を一体としていることですね。この附属坂出中学校が「学ぶこと」と「生きること」っていうのが登場したのが2006年です。同校の研究主題に「学ぶこと」と「生きること」が登場して以来ずっと，「学ぶこと」と「生きること」，途中「生きること」と「学ぶこと」が逆になったりしていますけど，とにかく今に至るまで，「学ぶこと」と「生きること」っていうのが，研究テーマになっています。考えてみたらですね，大昔はですね，学校も何もない，物事をよく知っている地域の年寄りや長老を囲んでですね，彼の語りから若者がいろんなことを学んでいたと。人生の知を学んだと。こういう学びは，もう本当は生きる術を獲得することだったのですが。学校制度が発達していくうちに，いつの間にか学校批判なんかもありましたが，「学ぶこと」と「生きること」が離れていってしまいまして。その「学ぶこと」と「生きること」が一体となっているというのを，それを復活させようっていうのが実はナラティヴじゃないかと。ナラティヴ・エデュケーションっていう言葉は，実は竹森先生が言われまして，「これ，いいな」と思っていただきました。でそれをやっているのが，附属坂出中学校じゃないかなと私は思っているのです。

　2番目ですが，附属坂出中学校にはどういう教育理論が流れているかということで，読んでいただければわかるようにしましたので，お読みいただければありがたいですが。大きく言って社会構成主義の学習論にもとづいて授業づくりがなされていると。社会構成主義っていうのがどういう考え方かというと，今までの考え方が白紙の状態の学習者に科学的，客観的な知識を蓄えていくっていう，こういう学習観だったんですが，そうじゃなくて，知識や現実は客観的に存在するのではなくて，人々のコミュニケーションによって初めて学習者の中に構成されていくという，こういう考えですね。この考えに基づいて授業づくりがされているのです。それからもう一つはCANですが，これは，附属坂出中学校では，総

合的な学習の時間に相当する学習をCANと呼んでいる。CANは，Cは異学年合同の小集団であるクラスター，Aは自分のクラスター内だけでなく，他のクラスターとも交流しながら多様な学びを行う『協同的な学び』の方法であるアクションラーニング，Nはナラティヴですね，というのでCANをやっているのですが。このCANは，実は正統的周辺参加論という教育の理論があります。正統的周辺理論とは，学習を知識の伝播とみなさずに，学習者，新参者が共同体の社会文化的実践に十全的に参加していくことで，知識や技能を習得するっていう考えです。周辺参加とは，最初は周辺的な役割を担った新参者も，学習が進むと共に徐々に中心的な役割になっていく。例えば，よく言われるのが仕立て屋さんで，仕立て屋さんに最初に弟子奉公した場合，最初は細々とした掃除やら何やら色々なことやって，最終的には，一人前になると仕立て上げるところまでいきますね。そういうのです。CANではですね，3年生が去った後の1月から2年生が，こんなことがやりたいと，自分の興味関心に基づいたテーマを立てまして，そのテーマに賛同した1年生が2人ペアでなりまして，探求していく。新しく今度4月になって2年生が新3年生になります，1年生が新2年生になります。そうすると，新2年，新3年で作ったペアのそのテーマの中に新入生である1年生がそのテーマで自分やりたいっていうところに入っていって，新1年生が2年生3年生がやっている中に周辺的に参加していくわけです。だんだんやっていくうちに中心になっていく。3年生になると中心になるわけですね。そういうことをやっています。これを見ていくと，右側のところの第2パラグラフを見ていただくと，CANを具にみると，主人公が，「日常からの旅立ち」をし，「非日常への冒険」をし，「新たな日常への帰還」する物語の3幕構造って見事に当てはまっているのですね。これ，結論だけ言っておきます。このCANっていうのは学びの成長物語となっているのではないかなと思います。今日CANLOG持ってきていただいておりますので，後ろにも展示してあるそうですので，またご覧いただければ，いったいどんな学びの物語になっているのか，学びの成長物語になっているのかご覧いただけると思います。附属坂出中学校はそういう意味で授業だけでなく，道徳，総合って話しましたが，全てに物語が基底にありまして，ホールスクール・アプローチ，学校をあげてですね，ナラティヴ・エデュケーションをやっているのではないかと私は勝手に思っています。

　中学校におけるこういう物語の教育っていうのがどういう意味があるのかということで，これはアイデンティティ形成の支援になっているのではないかと。カ

リキュラム研究で有名な，第一人者である安彦忠彦が，中学校では，「自立への基礎」を図るとともに，「個性をさぐる」機会の準備が重要だ，と述べています。そこに書いてあるように中学１年生及び２年生が該当する11歳〜14歳の興味・要求の中心は「自己や意味・価値の探求」，さっき意味ってありました，価値ってありました，「自己や意味・価値の探求」である，中学校３年生が該当する14歳〜20歳の段階５の興味・要求の中心は，「自己の専門性開発」であるとしています。要は，中学生，中等前期教育においてはですね，アイデンティティの形成の支援が非常に大事じゃないかと思われます。竹沢さんが，これちょうどオウム真理教の事件が起きた頃に書かれているんじゃないかと思うのですが，こういうアイデンティティのですね，形成の支援になるような場所はどこにもないので，それが必要だと。その中で物語ってのいうのも言われています。そういう支援の一つとして学校を位置づけてみたらどうかなと。そういう意味で附属坂出中学校っていうのはアイデンティティ形成の支援をしている。中等前期教育の発達段階に理に適ったことをやっているのではないかと手前味噌ですが思っております。

　最後に，大和田先生の実践についてですけど，この実践は簡単に言ってしまうと，社会的自己の捉え直しを，物語を語り直すことでやっている。社会的自己というのがちょっと不思議な言葉だと思うのですが，もともとは小西正雄が言った言葉です。私は，これは実は社会的自己物語に直した方がいいのかと思っているのですが。ここも読んでいただければわかるようになっていますが，要はなぜ歴史を学ぶのか，学ぶ意味が分かる授業です。勉強の嫌いな子，私，歴史は好きでしたけど，勉強の嫌いな子は，「なんでこんな勉強しなきゃいけないか」って非常に思っていました。だから，歴史嫌いな子が，「なんでこんなのを学ぶの」「昔のことじゃない」「なんで関係もないことやるの」，こう思うわけです。地理もそうです。「なんで世界のことやるの」「そんな遠いところのことをやったってなんの意味があるの」。

　こういうところに答えられるような授業にならないといけない。こういうようなのに答えていくには，社会的自己の捉え直し，物語の語り直す場の設定による社会的自己の捉え直しが必要じゃないかなと思うわけです。そういう意味で，しかも，そのことによってですね，今後の民主主義社会を形成していこうという人づくりまでしているということです。社会科の本質に即した実践になっているのではないかと思いました。

　これで私の話を終わりたいと思います。

実践報告4

「認知症デイサービス・アクションリサーチ　実践報告」

香川大学医学部臨床心理学科　竹森　元彦

　森岡先生の基調講演に加えて，和田先生の看護でのお話，さらに教育の大和田先生，伊藤先生のお話いただきました。それらに共通することは，「当事者性」を非常に重視している点です。ナラティヴという観点から見ると，お互いの目指している方向性は，共通すると思います。教育でも，教師が指導する，教えることになりがちですが，そうではなくて，当事者としての子どもはどうなのでしょう。

　そこに，ナラティヴっていう概念が入ると，「子どもたち」が浮き出てくる。子どもという当事者性が強いと思って，聞いていてとても嬉しくなります。

　私は，認知症デイケアに医学部臨床心理学科の1年と一緒に入っています。そこでの報告をさせていただきます。「認知症って何か」が，そこからもう一回問い直されると思っています。

　つまり，看護でもない，生活指導員でもないような人が入って，しかも学部の1年生が入っていくことで，そこで聴き取られたことから，もう一度，認知症って何かとか，認知症である利用者さんたちと何ができるのかっていうことをとらえ直す。まさにそういう経験になると思いました。それは，私がこのような取り組みをさせてほしいと，デイケアにお願いしたわけではなくて，むしろ，そのデイサービスの方たちも，「来てくれてありがたい」っておっしゃるのです。このことには，きっと何か深い意味があるにちがいないと思って，その意味を描き出したかったっていうのがありました。やはり，そこにある意味を描き出せたのです。本当に，認知症デイサービスに入ってよかったと思います。

　それで，私にとっても，当事者の利用者さんにとっても，職員さんにとっても，学生さんにとっても，どういう体験だったのかということに着目していくことによって，もう一回，「認知症デイサービスとは何か」と「認知症って何か」ということをとらえ直していけるのではないかというふうに思っておりました。

　このアクション・リサーチを組んだのは，大学と学生が協同するっていうことについて，実際のアクション・リサーチがいるのだと思いました。質問紙や調査用紙集めるのではなくて，実際に入ったところで経験されたことから考える必要

があるだろうと思ったのです。

　そこには「生きたナラティヴ」が生成されてくるだろうから，そこから，「語り」をですね，取り出しながら，その変容を見ていきたいと思いました。

　それからもう一点は，「認知症」とは，大変に困難な病気なのだという，そういう思いって誰でも感じていると思います。しかし，もし，認知症の方が，むしろ地域コミュニティを支えるということになってきたとしたら，今の地域というものが，これまでとは違った色合いを帯びるのではないか。

　そういう大きなナラティヴが生成できるのではないかっていうのを思いました。認知症の方がいて困るじゃなくて，「認知症デイサービスがあるからよかった」っていう話になるのではないかと思うのです。そうなると認知症デイサービスは日本中にあるわけなので，日本中が，日本中の地域が変わってくるのではないか，そういう認知症デイサービスって何だろうっていうのがあります。

　そういうコンセプトのもと，今回訪問した認知症デイサービスの建物は設計されているのです。地域に開かれた認知症デイサービスをコンセプトに，建物が設計されています。外からの人が入りやすい建物の構造をもっています。例えば，中に，ミーティングできるスペースがあります。そういう認知症デイサービスで，ただ，そこで働く職員さんもどうここを使ったらいいかよくわからないっていうのがあって，その部分を一緒に考えてくれないかっていうのが，認知症デイサービスとの連携の始まりです。

　当初は，継続的に訪問して何か話し合うことによって多様な支援が展開できるのではないかとか漠然と思っていました。もし，学部の1年生が認知症デイサービスにうまく入れたのだったら，地域の不登校の人とか，引きこもりの人とかがそこにちょっと入っていくことで，何かそこで高齢者との交流が生まれるのではないかっていうところも考えています。

　実はこの認知症デイサービスには，大きなキッチンがあるのですね。食事を作れるのです。だから，“食”を中心に何かつながりができるのではないか。“食”ってみんな平等なので，認知症であるとしても，学生であろうともおいしいものはおいしいので，っていうことを共有できるようなつくりになっている。今回のアクション・リサーチでは，食を通しての交流，そこまでは全然いかなかったのですけが。最初は，認知症の高齢者と一緒に何かすることが高齢者の方にとって楽しみなのではないかと思って入ったのですが，それ以上の価値があったというか，学生さんが入ること自体にとても意味がありました。

　私は，学部教育でたくさんの実習先に実習をお願いしておりますが，こんなに喜ばれるところはないというくらい，大学生がデイサービスにいると喜ばれます。例えば，小学校の子どもさんがデイサービスにいると「じいちゃん，ばあちゃん，何してるの」っていうやり取りになって，認知症の高齢者たちは落ち着かないけど，大学生たちは一生懸命，認知症高齢者の言葉を聴くのです。おじいちゃん，おばあちゃんの話を聴くのです。例えば語り手と聞き手になれるっていう，そういう力を彼らはもっている。

　スタッフは，常にバタバタバタバタしているので，そこで認知症の方がとつとつと語られるっていうのは，聞いてもらう場所がない。そうすると，聴く役割が認知症高齢者にとって，とても重要であることがだんだん見えてくるのです。そこまで，私は，想定してなかったのです。

　このようなWin-Winの関係ができたらいいのではないかとか，大学生×認知症高齢者にて，日常の高齢者を支えることができたらとか考えました。そうすれば，認知症高齢者にとっての地域の意味も，地域にとっての認知症高齢者の意味も変わってくるように思います。そういう地域コミュニティシステムになってくれば，地域の意味が変わるのではないか，地域全体の変容になるのではないかという大きな夢を描くことができました。

　具体的に，リサーチをどうするのかですが，学生の体験を丁寧に聴きとります。どういうふうに語られているのかっていう記述をとても大切にしました。学生本人にも記述してもらうし，私も学生全員が集まったところで，どのような経験だったのかを，丁寧に聞いていくのです。ナラティヴ，語りの丁寧な記述をしました。

　それらの語りの記述をもって，学生たちがどういう体験をどう意味づけて，どう変わってきたのかというところを見ていった。その変わったことによって，またその関係性が変わっていくことの，そこに新たな意味が見えてくる。語ることを丁寧に取り扱っていくことによって，そこからまた，新しい関係性が見えてくる。そういう風なことを考えています。

　語りの内容から，体験の意味とか学びとか，あるいはスタッフから見た学生の意味っていうのも，職員さん，スタッフからも見ます。双方から聞き取るということをいたしました。そうすると，いわゆる認知症の定義，認知症とはこういうものであるっていう医学的な定義と全く別の"認知症の姿"が見えてきたのです。

　「認知症って，こういう病気」と思っていたけれど，当事者との関わりの中で

変わってくる。そういうことがありました。今回のリサーチとは別の機会で，教育学部の学生さんが認知症デイサービスでの実習体験の振り返りをしたときに，学生さんの語りで一番印象的だったのは，おじいちゃん，おばあちゃんたちが「あんたたちは大丈夫」って言ってくれたら，「本当に大丈夫な気がしてきた」というのがありました。

　それだけ，やっぱり80歳ぐらい生きている人たちに「大丈夫，あんたたちは」っていう，そのうえ，認知症でありながら，出てきた言葉っていうのが，「すごく心に入ってきた」ってその学生が語りました。そういう，認知症の方の言葉が持つ重さとか，そういうのをすごく学生たちは感じ取っていました。

　認知所デイサービスの施設の方からですね，主任生活相談員の方からの聞き取りをしました。他に，学生スタッフの皆さんには，語りの抽出としては，「アクション・リサーチ・ハンドブック」っていうのを毎回記録してもらいました。1回の訪問っていうのは3時間くらいなのですね。授業と授業の合間で入ってもらうという感じです。だから，2週間に1回くらい学生は3時間ずつ入るっていう感じです。活動内容と感想と気づき，学び，それから担当者の方からコメントなんかも書いてもらいました。2週間に1回30〜40分くらい，全体のミーティングを行いました。そこでの，認知症デイサービスでの経験の語りを語ってもらって，それを記述，記録していきました。そういう構造によって研究を進めました。

　デイサービスの生活指導員の方からの聞き取りは2回行いました。生活指導員の方としての気づきとか，スタッフとしてなんかお困りのことはないかとか，ということを聞きとっています。したがって，学生スタッフと利用者さん，現場のスタッフ，総括の竹森という構造の中で行いました。

　利用者さんには直接に「どうでしたか」とは聞けないので，現場のスタッフの方から利用者さんの気持ちとかその変化とか，というのをそこから聞きとります。この2月14日に，現場のスタッフと学生スタッフが集まってですね，最後の振り返りをするということになっています。

　今日は，学生スタッフと利用者さんとの関わりの中で，学生スタッフが，どんな認識の変容があったのかっていうのを提案したいのです。訪問する学生のことを，"実習生"ではなく，"学生スタッフ"と呼んでいました。これは，実習先に教えてもらうという実習とは違って，当事者の方と学生も職員も竹森も一緒に関わるというような意味で，"学生スタッフ"という言葉を使っています。

　また，認知症デイサービスの施設の概要としては，そんなに規模が大きいところではありません。ただ，その施設に通っている方は，みな，認知症です。施設は，対面キッチンというのがあって，“食”を重視しているところが特徴です。職員と生活指導員，介助職員，看護師，機能訓練指導員，というふうに他職種の方がいらっしゃいます。「ぜひ，大学生に来てほしい」と仰って頂けました。パンフレットに「あきらめること」より「できること」の方が多くなると書いているとか，ゆったり入浴できるというのがあります。とても充実したデイサービス施設だと思います。大学生がこの場に居る意味がある。はやり，施設にも何か不足しているものがあるのだと思いました。

　もう1つ，この「地域の皆様に役にたつ」というのも，この認知症デイサービスの特徴で，ウッドデッキとボランティアルームというのがあり，「サロンやお茶会など多目的に利用してもらいたい」とも書いています。

　地域に開かれたデイサービスというところが，このデイサービスの特徴と思うのです。訪問のスケジュールは，11月26日から始まって，2月4日に終わりました。学生スタッフが2人ずつ，3時間くらい訪問しました。学生によってはお昼挟んで，午前中から14時半までという学生もいます。13時過ぎから入って16時までとかの学生もいました。学生スタッフの聞き取りは4回，主任生活指導員の方からの聞き取りというのも2回行いました。今回の発表では，学生とのミーティングでの語りを中心に，どんなふうに変わってこられたのか，というところをご説明したいと思います。

　最初，見学と打ち合わせがありました。その際に，職員さんから，「身近に認知症の人はいましたか？」とか，「関わる，寄り添う感じで話をきいてくれたら」，「最初は観察からでいいですよ」，「施設にきたら，ドアを開けて“こんにちは”と言って入ってくれたらよいです」，というような話がありました。また，「毎回初対面になる場合も多い」，という話もありました。記憶が続かないので，毎回違うのですね。「こんにちは，あなたは誰ですか」という，初めましてという話になるのですが，「なんか違うなっていうことを感じ取ってくれたら」と。多分，何回会っても覚えてくれないということで，やっぱり傷ついたり，無力さを感じたりすると思うのですが，そこをちゃんと説明して下さって，「緊張していても大丈夫。緊張が逆に，利用者さんの『あれ？』という関心に繋がったり，話をするきっかけになったりするかもしれない」，「何も持たずに1日終わって帰って，そこであったことを理解する，というので大丈夫」，等。もしかしたら

盛岡先生のおっしゃっている安全感，というか，非常に安全な設定をしていただいていたと思いました。

　学生たちも，当初は，とても緊張していたのです。学生スタッフの語りには，「身内に障害の方がいたが，こちらの施設のほうがいきいきしていた。この施設では何をしているのだろうと思った」「認知症といっても一括りではないなあ」「見学に来て少し安心できた」という語りがありました。ただ，やはり実際にケアに入りますと，戸惑う。なぜ戸惑うのかというと，同じこと，同じ話しを繰り返すとか，自分のことを2回目以降忘れてしまっているのですね。「あなたは誰でしょう」とか，「初めまして」を言われる。「毎回，初めまして」から始まるんです。戦争のこととか昔のことは覚えていて，中には，自宅に帰ろうとする人もいて，すぐ「帰らないかん」とか言われる。止めようとすると，振り払われたとか，時にはなんか怒り出した人がいた。それで，非常に戸惑って，最初の頃は理解が上手くできないとか，「自分はここで何をしたらいいんだろう」というような語りが多くあったのです。そこで，スタッフ・ミーティングの中で語ってもらって，皆同じような悩みを持っていて，それを共有するという感じで進めました。中には，「新鮮で楽しかった」とか，「ゆっくり話をしたら段々と心を開いてくれた」とか。そのように，関わり方の手掛かりになるようなことを語る学生がいました。「ゆっくり話を傾聴する」「そういうことに徹していこう」という感じの意見が，学生の中に出てきました。学生は，最初は非常に戸惑ったのですが，12月の後半ぐらいからは，認知症の利用者さんの話を聞くことで，認知症の世界が段々ちょっと分かってきた。うまくコミュニケーションを取り始めました。例えば「難しい折り紙をおっているけれど，皆でそれをやっている」「今までで1番コミュニケーションをとれた。可愛い絵を描いてくれたので持って帰ると言ってくれた」，「毎回初対面という感じ」，「私がお話しをしたいんですけど，というと，じゃあちょっといようかな」と。で，帰りたいという利用者さんが戻ってきてくれるエピソードも語られる。「手を握ってあげると喜んでくれた」，「何回もどこの学校？と言われる，その度に香川大学と答えると，後輩や，と言ってくれる」など。「その繰り返していることが認知症の症状であって，特にそれが大きな問題ではない」と。その先に，関わることができるんだ，ということが学生の中でも分かってくると，「利用者さんが帰らない，帰りたいと言わなくなってくる」ということが学生の中で語られ始めました。そして，「戦争の話，奥さんのこと，兄弟の話，田んぼの話，その中でちょっとずつ話の内容が変わってくるん

です」と。

　本当に短期間のリサーチでしたが，学生の認識も随分と変わってくるのです。

　他にも，「自分の情報を伝えても，思うような答えが返ってこなかったけど，私（学生）が，ミシンが苦手と伝えたらそれを笑ってくれて」「よりよい初めまして，が出来るようになった」「色塗りをしていた方の代わりに色を塗ってと言われて，それをやったら，話だけではない交流が生まれてきた」など語られた。

　「職員さんは1対1で時間を取るのは難しくて，忙しい時間帯で私たちが1対1で話ができるのは生き生きしているし楽しい時間なんだと思う」と自分のやっていることの意味づけが出てきたという語りもありました。

　「話を聞いているだけで楽しいことが生まれてくることに感動した」「昔そろばんをやっていたという話が出て，ここにそろばんがあったら教えてあげるのに，と言われて，教えてあげるという感じにもなってきているんじゃないかと思う」「その人が持っている力が引き出されてきている」と，語りを聞く人が継続して話を聴くと，認知症の方の語りも継続していくことになる。コミュニケーションが出来てくる。

　学生さんにとっても，"居てもよい場所"になり，学生が"居る意味や役割"というのが見出されてきている。ミーティングでは，私も，その都度，少しだけコメントを入れていきます。「受け止めてもらう人がいると，語ったものの連続性がでてきて，聞いてくれる人がいると，語り続けることができ，そこに関係性ができてくるのではないか」とコメントをしました。

　認知症の高齢者は，短期の記憶が続きません。しかし，学生さんがいることで，語り続ける相手というのができます。その語りを聞き取っている学生は，認知症への不安や怖さを感じていたと思うのですが，今回の経験を通じて認知症の捉え方が随分と変わってきたと思います。とても感動のある経験，物語りのある経験ができたと思いました。

討議　「ナラティヴ・アプローチと多職種連携」

前川（司会）：5名の先生方に，ご質問，ご意見等ありましたらどなたかお願い
　　いたします。教育分野，それから心理分野，それから看護分野ということで
　　3つの分野の多職種連携ということではありますけれども，それぞれの分野
　　の，ナラティヴに関する実践，多職種の現状という形で発表いただきまし
　　た。他の分野がどういうことをやっているかとか，それを自分たちの分野で
　　どういう風に生かせるか，というところの参考にできたらと思いますし，実
　　践の中からの発表いただきましたので，参加された皆さん，ここに参加され
　　た何か目的がおありかな，とも思いますし，それをぶつけていただいても良
　　いのかな，と思います。いかがでしょうか。

フロア：香川大学医学部臨床心理学科の橋本と申します。和田先生にご質問です。
　　こういうふうにウェブ上で，体系化された形で身近に，様々な病の語りに触
　　れられる場があるなんて，とても勉強になりました。素晴らしいものを作っ
　　てくださり，ありがとうございます。それと同時に，今日は語ることについ
　　て主にお話しして下さったと思うのですが，「病の語りに触れる」，具体的に
　　いうと，このウェブで実際に病気の語りを聞いた人がどのような体験をして
　　いるのか，そしてそのことがどのような効果をもたらすのか，教えていただ
　　けたらと思います。
　　　なぜなら，同じ病気を抱えた個人の語りをたくさん聞くことができるわけ
　　ですよね。で，そこで自分と似たところ，あるいは自分とは違うところにつ
　　いても，色々気づかれるのではないかなと思うのです。そういった中で，ど
　　のようなことが起こるか，例えば励まされた思いがしたり，あるいは何らか
　　の変化が生じたり，それ以外でもお気づきの部分について教えていただけた
　　ら助かります。

和田：ありがとうございます。作った側の意図を汲み取っていただけたのかな
　　と思って大変嬉しく思っています。ありがとうございます。イギリスであっ
　　たものの導入ですので，そんなに自己決定が前向きではないのではないかと
　　いう日本の文化，また最初に申し上げましたが，病を語ることがなかった時
　　代がずっとあった日本の中で，これがどのように受け入れられるかというこ

とは随分，気にしていました。また，研究を進めるうえでも，文科省からも色々注意を受けてですね，どのようなサポート体制を作るか，ですとか，ご本人への保障，ご家族の保障，色んなことも準備が必要でした。一方では先ほど情報難民と申しましたが，適切な医療情報である必要もある。じゃあ医療監修をいっぱい入れるのか，そうするとどんどん，こう本人たちの体験を大事にする意図でありながら，そこから離れていく危険性もあって，その線引きは本当に難しいところがあります。体験は体験でいいのですけど，発信する側の責任として，難しいところがあります。ですが，日本でのあり方を問いたいという思いがベースにある中で，今日私は教育的な意味で，私達はこれを専門家として見てどう学んでいくかということを中心に申し上げた気がしますが，今の段階で，まあこの10年近くですが，私どもが思っているのは，自分自身がその病を，人の病を，同じ病気である人，またこれからその病気になっていくかもしれない人，あるいは，その当事者を支える家族である人達が，その病を，人の病を見て自分がどうそれを意味づけていくか，の題材になっているであろうと。また，多くの人は医療者に対して質問ができません。私が患者になった場合もできません。一般の方はますますできません。この情報を得て，医者に，医療者に，自分の意見を言う，勇気づけになるだろう，その題材になるだろうと思っていること，そして，森岡先生の話にもありましたけれども，ここでは，一部のことしか語られていません。語られていないことに目を向けなければいけないし，そのことをどこかでは浮かび上がらせたいという思いがあります。

　ご質問の，サイトを見た効果としては，これからこれを医療現場で，例えば患者さんたちと闘病記でもウェブサイトでも良いのですが，集まった場所で見て話し合われる内容を，効果と言いますか，意味づけしていきたいというところがあります。一方で，ウェブサイトのメリットとしましては，そういう公の場でみるのではなくて，こそこそと，1人で夜中に，1人こっそり見るというメリットも多いかと思いますので，敢えてそうしなくてもいいのかな，そういう点については，コメント欄の内容を収集していますことと，「いいね」ボタンが何％あがったかを測っておりますが，それより先は私がいまひとつわかりません。お答えになっていますでしょうか。ありがとうございます。

フロア（香川大学医学部臨床心理学科橋本）：ありがとうございます。2つの
ことを考えました。1つは前半の森岡先生が基調講演の中でも触れられた，
「正しい説明という暴力」という言葉です。岸本寛史先生が緩和ケアについ
て書かれた「緩和ケアという物語」（岸本，2015：創元社）という本の副題
に使われています。医療情報としての正しさの部分はとても大切だと私も思
うのですが，それは時に正論として，そこから話が発展しようがない，打ち
切られてしまうという暴力につながる。それを補うようなかたちで，語る人
を個人として大切にしたアプローチであるということもウェブサイトで明確
にしていただいて，そのことによってウェブサイトを見る人はパーソナルな
自己理解をするきっかけにもなるのではないかな，と思いました。「今日を
生きる」というか。そしてもう1つは心理療法の場面を考えたのですが，例
えば「自分の母親はこう話していた」とクライエントがある人の「語りにつ
いて語る」場面があって，次に「自分はこんなふうに思ったんです」と続け
て…というように「誰かの語り」が題材となることはたくさんあって，そこ
でやりとりをしているうちにその語りの意味づけとか記憶がだんだん変わっ
てきますよね。そういった「語りの受けとめ」の部分についても，先生から
学ぶことがたくさんありそうだなと思いました。

竹森：教育の大和田先生にお伺いします。今のお話しとかですね，私の，講演
者の語りを見てですね，思ったことや考えたことがあったら教えて欲しいと
思いました。お互いに職種が違うのですが，むしろ，違うことから学んだと
か，そのようなことを，森岡先生のお話から教わったでもいいのですけど。
他職種からどういうことを学べたのかな，ということをお聞きしたいのです
が。

大和田：そうですね，あの，教育の現場のことを考えた時に，まあ語ってもらう
ことは簡単じゃないな，というところが実はありまして。で，あの，森岡先
生のお話にもあったように，結構語るということは難儀なことということが
あったりだとか，先ほどの和田先生のお話の中にも病は語られなかったとい
う事実があったりだとか，まあ，そんな重いことじゃなくても，生徒に語っ
てもらうだけでも結構難しさを感じているところがあって，もしよろしけれ
ば，その語りに対する壁というか，それをどう乗り越えるのかとか，語りを

引き出すための関わり方というのを，教えていただけたりヒントをいただけ
たりしたらありがたいなとは思います。

前川（司会）：ぜひ，私の方からも，語り，物語というのをお聞きしましてね，
実際にじゃあ話してくださいと言われて，いきなり話せないという感じにな
るように思います。どこまで聞くことを探求していいのかとか，自分の促し
に対する相乗効果みたいなのもそれも全部ひっくるめて，その人の物語とし
てしまっていいのかとか，自分が実際に実践する立場なので，今度それをま
とめようかな，となった時にどういうふうにされているのかなというところ
が非常に気になっていたところで，もしよければ，実際に，どうされている
のか先生方みなさんにお聞きしたい。

森岡：語りをどのように引き出すか。いきなりでてきましたね。そうは，人は語
らない。私は単刀直入にこう考えます。語る力は聴く力，なんですね。たし
かに語る力は衰退していっています。定番の考えや言い回しを先に取り込む
からなのでしょうかね。言葉を自分のものとして使うことが困難になってい
るのは，この現代世界の持つ大きな課題かもしれないですね。自分の言葉を
発見するのはけっこう大変ですね。

　生きたナラティヴあるいは，それまでと違ったナラティヴが出てきた瞬
間に注目したいのです。つまり，物語が動き出した時をとらえるのは，今日
お伺いしたそれぞれの現場，教育の場，臨床医学の場で，共通していますよ
ね。

　考えたら香川大学もこれから教育学部と医学部が繋がらなくてはならない
のでしょう。これなかなか大変な作業でしょうが，おもろいなあ。これは香
川大学だからできる。私は語り合う場が，すでにできていると思います。語
りの前にある，大事なものが動き出している感じしますよ。坂出中学校の
実践とても面白いと思いますよ。1番のキーワードはね，そこにかかわる私
の「関心」ですよ。大和田先生のお話の中に「自分に引き付けて語る」とい
うのがありましたね。自分に引き付けて語るという姿勢。私を入れた知識に
注目されている。私は，そしてあなたはその課題をどう読んだか，キャッチ
していったかを互いに受け取る。これはナラティヴ論からすれば，キャラク
ターなのですよ。歴史の物語の中に社会の中にキャラクターがいっぱい登場

してきますね。それが登場してくる場がどのように保てるかが実践で欠かせません。

　言いかえると，和田先生が長年取り組んでこられたDIPEx（ディペックス）の中の色んな体験談にも大きくかかわることです。それぞれの体験談が心の中に入ってくるんですよ。読むと。生き生きと，リアルやなあという感覚が実感としてあって，この実感は医学でも教育の実践場面においても共有されるべきなのですね。その人が生き生きと登場してくると相手も語りやすい。これは看護の方では，研究仲間の紙野雪香さんの実践がまさにそれでしてね。ある患者さんの例で，紙野さんの指導をした看護学生の手記が残っています。平たくいえば脳死状態の患者さんのそばにいて，学生の私に何が出来るのでしょうかと途方に暮れる。紙野さんとその体験を分かち合った後，その患者さんが，その姿が看護学生の中に入ってくる瞬間があるのですよ。『臨床ナラティヴアプローチ』という本に出ていますのでぜひ読んでください。これはすごい瞬間でしたね。だから人が登場するというところが重要かなと思います。そこに生きたナラティヴが感じられます。

大和田：ありがとうございます。生きたナラティヴというところがやっぱり少し引っかかっていて，そういう生きたナラティヴを引き出すっていうのが，難しいなあとは思います。あと，自己に引きつけて語るというところは改めて大事にしてきたいなと言うふうに思いました。

竹森：多分多職種でこう話し合って，お互いを聴き取りあって，そこでコメントしていくという作業が，すごくミックスしていく作業にちょっとなっていくのかなというふうに思っていて。和田先生にも，もし感想とかコメントとかあれば，いただけたらなと思います。どうでしょうか。

和田：ありがとうございます。もし外れていたら教えてください。竹森先生の話してくださった内容は，前川先生もよくお分かりだと思いますが，高校4年生のような1年生をこのような施設，あるいは病棟に連れていく最初の実習と，本当にそっくりの似たような内容です。まさしくこの通りで。1度このような体験をした学生を，私どもは専門家に，定型化していくのですが，私も最後に多職種連携に落ち着きたかったんですけれど，先生のご発表に学

生，スタッフ，そして他にも三角形の図があったかと思いますが，その方々が“フラットな場”で話すということがとても大事で。私も，実は教材化しているんだろう，この題材を用いて話し合いたいことは，臨床心理士から薬剤師，医師，理学療法，作業療法，どんな職種であれ，一緒にその題材を見て話し合いたいんです。

　その時に出てくる「わたし」語りは，その題材を見て自分が何を感じ，何を振り返り，自分の実践研究をどう意味づけてきたかの，リフレクション，内省に繋がると思っています。それにはどうしても題材が必要で，あの，じゃあ喋って下さいと言って，喋ることができる人もいますが，（題材として）同じテーマで話し合いたい。そこで，いかに対象の患者さんたちのことを私達は，分かりえていないか，という「わたし」語りが引き出される場を作りたいと思っています。それが，自分は中学校教育をしたことがないので，お二人の先生からありました，中学生，語れるのだなあ，すごいなあ，と。自分の見ている大学生，いろんな最近学力のこととか言われますが，中学生の力もすごいなと思って，ひたすら感嘆しておりました。答えになってますでしょうか。

前川（司会）：ありがとうございます。私も大和田先生の中学生の変化をおっしゃっていただいて，先ほどもありました自己に引き付けて語る，その自己に引き付ける方法をぜひ知りたいと言いますか，関わりによって，自分を振り返らせることによって，教えられるだけではなくて，自分の力となることを実感するという体験が，中学生の時期にできるのはとても大事なのではないかと思います。本当に参考になりました。

フロア：看護師をしております。とても小さなエリアで，診療所の外来と地域の保険業務を兼ねておりまして，外来ではひとりの患者さんあたり15分くらい，地域ではひとりの患者さんあたり１時間くらいゆっくり話ができる，恵まれた環境で仕事をしているのですが，今日たまたまこのテーマをインターネットで知りまして，吸い寄せられるように来てしまった理由は，多職種連携ということがあったので。

　今，看護師の業界で耳にタコができるほど聞いているのが地域包括ケアということです。望む死に方をちゃんと実現できるために，みんなで協力し

てどうそれを支えるかっていうことです。その模式図の中に，今お話をうかがっていて気づいたというか思い出したのですが，臨床心理士の方の円というのがあまり今のところ載っていなくて。でも，私が現場で，たぶん今求めているのは，昔であったら，チャプレンさんとかお坊さんとかがたぶんなさっていた，当事者の魂の部分というか，想いの部分を聴く人の存在が，喉から手が出るほど欲しくて。看護師は忙しくて，なかなか技術をやっているだけで間にあわなくって，それがもし，6年制になってまだないと思うのですが，今の段階から地域包括ケアの中で役割を見つけて，主張して，形にしていっていただくということができれば，ずいぶん目に見えた連携というのができると思いました。また，地域包括ケアは専門職だけじゃなくって，住民の方との倫理調整も非常に課題になってくるので，そこに示唆がすごくいただけるのではないかなと思いました。

　実は，立命館大学の経営学部を卒業した後に看護師になっておりまして，専門職って業務独占の部分があると思うのです。なので，その業務，仕事につかない限り見えない世界というのがあって，それはそこに就いている人間が発信していかないと見えないものだなというのを痛感しております。そういう縛りの中で，将来この仕事をして何を目指しているだろうと考えたときにやっぱりたどり着く先は，教育現場なのですね。子どもたちに何をどう残すかといったときに，私は看護のエッセンスを何か残したいという想いが今日，先生方のお話を聴いて，「ナラティヴ・エデュケーション」ってこれじゃないのかなと思いました。それで，この「ナラティヴ・エデュケーション」は，今どの程度，香川県下でされていますか。附属坂出中学校さんだけがされているのか，ちょっと存じ上げないのですが，とてもいい取り組みだと思うので，ぜひ県とか全国でしていただけたらなと。子どもをこれから育てていきますので，そのあたりの状況を教えていただきたいです。

　あと，竹森先生に，私は修士課程をこないだ修了したばかりで，臨床しながら研究活動も進めていくとなると興味が出てくるのはアクション・リサーチなのですが，そこの研究デザインの仕方を教えていただけたらうれしいなと思います。

　森岡先生には，定型かもしれませんが，私は現象学との違いが，もしくは関係性についてご見識があったらお教えいただきたいというところです。4点ほど出たと思いますが，よろしくお願いします。

前川（司会）：ご質問の４点の確認です。１つは「ナラティヴ・エデュケーション」が香川県内にどれくらい進められているかということ，それから竹森先生にアクション・リサーチについてのこと，それから森岡先生に現象学との違いといいますか，どういうふうなかたちで理解したらいいのかということ。臨床心理士のかたの活動の場，地域包括ケアのところですね。

伊藤：「ナラティヴ・エデュケーション」ですが，これ竹森先生が言われていいなと思って私いただいたのです。そんな状況で，リサーチ・マップっていう，研究者がどんなことやっているのかなという情報が出てくるのですが，それで「ナラティヴ・エデュケーション」を検索すると私しか出てきません。ですから，全国で，ナラティヴを授業づくりとか教育にやっているのはあまりなくて，教育現象をナラティヴの視点で解釈するということはよくされるのですね，教育学では。でも，解釈で終わってしまって，どう教育の営みにナラティヴを使っていくかっていうところにはまだ至ってなくって，ほとんど。というのは，非常にナラティヴっていうのは鵺的（ぬえ）で難しいので，盛んに最近よくエヴィデンスなんて教育の世界でやるのですが，なかなか難しいと思います。せっかくなのでちょっとだけ違うこと言わせていただいていいですか。

　森岡先生のお話を聞いて，名前が出てくるっていうお話をされたのですけど。実はあの，（校長として）附属坂出中学校に行って，お願いしたことがひとつあって，「ぜひ座席表を作ってください。」と。「座席表作って，授業で子どもたちがどんな現れをしているか，それを座席表に記述していってください。そして今度は，次はこの子はこんな現れをするのではないかってことを予想して，予想と違ったこと，おやっと思ったことを書き留めていってください。」ってことを言いましたよね？（隣の大和田先生に問いかける。大和田先生がうなずく。）十把一絡げに子どもを見る，見がちなのです，教育の現場は。それはすごくいやだなあと思っておりまして，そこらへんが非常につながると思いました。あと物語を，私物語って聴く人と語る人が共同で制作していくものだと思うので，変わってあたりまえだと思うのです。その時に，聴く人は，さっきの座席の話に戻りますと，どれだけこの子について見る見かた？その見かたも，今日の森岡先生の話を聴いたら絶えざる見か

たの更新をしていかないといけないなと思ったのです。それが豊富になればなるほど，両者で紡がれる共同制作の物語が豊かになっていくのではないかなというのを感想としてもちました。以上です。

竹森：今の伊藤先生のご発言の続きですが，ナラティヴっていう考え方が子どもたちの教育に必要だと思うのです。１人ひとりが"生きた語り"ができるような，自分のことの潜在的に考えていることも，いろんなことも語れることが。そういう，森岡先生のご講演の中で，２つの考え方があったと思うのですが，"疾患"と"病む"ことというのがありました。教育では，どうしても知識や説明モデルのほうにいきがちですが，もう一方の考え方（病いの語り）も重要であり，それら二つを行き来すること，ナラティヴは，絶対に，教育に必要と思うのです。だからそういう意味で，ナラティヴの考え方を，香川県で教育に活かしたい。そのことに，共感していただけるかたもたくさんいらっしゃると思う。地域からもそういう声をあげていただけると，一緒に。さきほど，森岡先生から，地域こそナラティヴによる教育に期待しているという話がありました。教育学部だけが，とか香川大学だけが言っている話ではない。みんながもっと物語が必要なんだ，ナラティヴが必要なんだって言っていると，もっと浸透すると思う。

　１人ひとりが活き活きとした，森岡先生がおっしゃったような，偶発性とか，ナラティヴが生成される瞬間っていうのがたくさん経験できるような教育ってのが。香川県にほしいと，切に思います。附属坂出中学校の中で今試行錯誤されている。今日，森岡先生にいろいろお話いただいて，ナラティヴについてよく知れたと思うのですが，ナラティヴという概念がわかりにくいのですね。ナラティヴを引き出すためには，聴く側が"何も知らない"ということだと思います。

　知識ではなく，個々の子どもたちのナラティヴを，誰も"知らない"ということを認めるのが難しい部分が，教える側にはある。「無知の姿勢」ということ，知らないっていうことを堂々と子どもに投げられるというか，そのへんの聴く側の姿勢というのが難しい。しかし，それがないと子どもって安心して語れない。

　だから，語る側と語られる側が１セットで，語りを聴く側，語る側がいてはじめて成り立つ。語りを聴く側でもある教師の在り方が必要なのです。生

徒に聴くとき，教師は生徒のことを知らないから聴くのです。今後も，実践の中で，検討していくとよいと思います。語る―聴くの関係で，子どもたちが活き活きと語るっていうことです。子どもたちの語りのためには，聴くことが教師に必要なのです。教師は無知であることを知っている必要もあります。

　ナラティヴと教育を，なんとか，つなげていけたらよいと私自身は思っています。

　それから先ほどのアクション・リサーチで大切なのは，実際に入ったところの実際の語りそのものをしっかりと詳細に丁寧に記録をとって，その変化を，語りの変化にエヴィデンスを求めていく必要があるなあと思っています。調査研究で，前と後で尺度の値が変わりましたという研究がありますが，それは本当に変わったといえるのかどうか，もし変わっていたとしたらなぜ変わったのか，その人たちの語りを聴いていかないとよくわからないので。しっかりいろんな場面で語られていることを聴きとり記述していって，それらを包括的に総合的に見ていく。

　語りを聴くっていうことは，聴かれた本人に気づきが起きますので，その辺の役にもたっていくと思いました。

森岡：大切な質問いくつもいただいて。まず心理職の役割はほんとにおっしゃる通りで，これからなのです。しかし必要ですね。公認心理師は，業務独占じゃなくて名称独占なのです。だから業務を独占できないので，誰でもその業務はできる，しかし心理師とは名乗れない。そういう資格でしてね。

　私のゼミ生何人か，今おっしゃったように当事者のお宅に訪問しながら，まさに「魂」とおっしゃったそこの部分を聴くという実践は，心理師にとっても注目されてきています。浄土真宗の尼僧さんでもある学生がいます。その方は，臨床心理学の勉強をされて，実はターミナルの場面をテーマにして，そこにフィールドにしようとしています。今修士論文に取り組んでいます。今いろんな地域で看取りを家族に任せるのではなく，公共活動の中で行おうとする地域ぐるみのグループができているようですね。彼女もそこに今入っていってやっています。まだグループの横のつながりはこれからのようです。意外とこういった実践は，コミュニティのサイズが問題ですよね。高松は人口何万人くらいですか？ 40万くらい。いいサイズですね。まだ顔が見

えるサイズが大事ですよ。これ大都市じゃできないですね。ナラティヴによるコミュニティ創生という動きが今あるのですが，だいたいサイズがそんなものです。大都市じゃないですね。中規模都市ぐらいから。コミュニティのサイズが適度にあるからこそ，割とわかりやすく伝わるのですよ。

　訪問看護師のベテランの方で，社会人大学院生だった方の修士論文も，昨年みてきました。訪問看護のなかで看取った方のうちの一人の例をもとに，その実践記録を中心にして論文を書いたのです。これまた凄いものでした。家族ぐるみで，インタビューに応じていました。実践と研究が切り離せない。そういう実践があちこちで起きてきて，それが研究にもつながっているってことは確かです。

　地域を活かす試みはサイズだけじゃありません。localityがあるのですね。私は，高松はそう詳しくはありませんが，香川にも何か，あるlocality，土地の智慧が潜んでいます。キーワードは，すぐにうどんが出ます。それから弘法大師ですよね。巡礼の道ですよ。今日もこちらに来る途中で，坂出駅で，ヨーロッパ人たちの集団が降りましたね。ものすごいですね。全然かつての状況と違いますよ。世界中から巡礼道が注目されています。でも，そういうことは実際に住んでいると当たり前すぎてかえってわからないものなのですね。そういう潜在したもの，これがlocalityです。臨床実践においても，それをどう活かすかが重要なのですね。

　私は心理師（士）の専門性の中で，グループを作り，出会いを促進するトレーニングの重要性をこのところ感じています。最近創元社から出た，吉川麻衣子さんの『沖縄戦の語り』に関する実践報告があります。彼女は沖縄の人だけど，心理でしかもグループをトレーニングできている方なのですよ。だから，沖縄の「おばあ」たちの中に入って，粘り強く聞き取りを行える。ある女性のお話を伺うことができました。沖縄戦で家族を亡くしご自分も深く傷ついた体験をした方です。その方は初め語らないのです。長年病気を患いながらも，そのグループには参加されてきた。しかしご自分の体験は語らないのですよ。しかし最後に亡くなる前に語りだす。そこまでのプロセスがこの書物に書かれています。私も圧倒されました。それを最後に語り残しておきたかったわけですよね。そのような実践は確かにあちこちで起きているし，たぶんそれが地域包括の現場の中でヒントになるのかもしれませんね。

　そこに共通しているのは，そこにかかわる専門職が「新鮮な私」をどのよ

うに保つかということです。鮮度を常に保つ。これ大変ですね。いろんな体験をたえず更新renewalしていく。体験は，語られたときは新鮮でインパクトがあっても，書かれ残されるとだいたいテキスト化され，定番化していきます。鮮度が落ちますね。もっとひどいのは研究で高度な質的分析をする。人を見ずテキストばかり分析する。テキストの分析は精密ですが，結局元の体験が何だかよくわからないようになってくる。こんな研究がすでに心理学でも看護学でも増えてきていますよね。これやばい状況ですね。研究は下手するとこうなっちゃう。それをもとにどう戻すかなんですね。場面にかかわる人がどれだけ自分の鮮度を保って関心を維持するかということになってきます。これにはトレーニングも必要だと思います。現象学はまさにそのトレーニングなのです。現象学的な視点は，ご存知の通り還元，いったん白紙に自分を保つ。suspendedというのですが，自分の先入観や価値観をいったん置いておいて，宙ぶらりんのままで，現象にそのまま素で会う。これはトレーニングが要りますよね。だから，現象学はほとんど臨床実践のある種のトレーニング法に近いと思います。阪大の村上靖彦さんなんかは臨床現象学と言っていますね。看護師の方のインタビューとか実践の記録を通して，彼は現象学の実践をしている。ご自身はあくまで現象学者であって，臨床をしているわけじゃない。ただそこで一枚，ナラティヴとの違いがある。実践へのスタンスにおいてナラティヴとの違いがあります。現象学は実践とのあいだに距離を置いていますね。suspendした自分を維持しながら現場に接し，そこで立ち上がってくる記述を重視する立場が現象学だけども，ナラティヴは非常に近いけれども，そこにかかわる私にとっても，体験が絶えざる更新を起こす，いわばcreationですね。creationとかrecovery，回復とか，ここに関心を持つのですね。だからそこはほんの一枚，違います。予想がつかない何かが産み出されていくところに関心を持つ。だから自分は一緒に入ってしまっているから，どこにいるかわからないわけだから。そういう危ういスタンスですね。はい。これはトレーニングとか，そのために集団によるエデュケーションの場，お互いに切磋琢磨する場が要りますね。継続して。

　それをやっているのが，たとえば紙野さんのナラティヴ実践臨床看護学です。静岡の看護協会などで研修システムをもってもう何年かやってきています。そういうふうに，土地の中で根ざしながら作っていく作業が要りますね。それぞれがいずれはどっかでつながればいいんでしょうけども。まず

は，高松は高松で，人口40万の中でなさっていかれることです。浦河の「べてるの家」が有名ですけどね，あれ浦河だからできるのでしょうおそらく。そのサイズが求められる時代にこれからなるのではないですか。もうあまりにもね，情報から経済から人から何から何まで，あるところに集中しすぎていますよ。だからこそ，遅れていると見えながら，逆にぐーっと回れば最先端。これがlocalです。そう私も考えていますね。ありがとうございました。

前川（司会）：はい，ありがとうございます。地域包括ということと多職種の連携というところで，今回，教育・心理・看護ということで，先ほどのお話にもありました，それぞれの専門職って他の専門のところがよく見えないっていうこともありますし，今のこの時点で，私見で構いませんので，それぞれお互いの職種に対して，ナラティヴに関して，ここまでやってほしいとか，こういうことはそちらでやっていただきたいとか，そういうことはこちらに任せてほしいとか，もしそういうことがありましたら。一言でかまいませんので，いただけたらなと思います。竹森先生から，いかがですか？

竹森：基本，どの領域も，同じ柱だと思っているんです。その柱とは，当事者性を中心にする点です。当事者としてその語りを聴くことの重要性という点では，どの領域も専門も同じことをされていると思う。その分野や専門が相互に補完できると，当事者に必要な新しい何かが生まれると思うのです。

前川（司会）：そうですね，連携ということなので，もし役割分担できるとすればそれが理想的とは思いますけど，臨床の場が今のところ違いますので，共通っていうことではないかもしれませんが，ゆくゆく同じ現場で働くっていうのを想定してでもかまいません。「うちはここが得意です。ここはそちらが得意でしょう？お願い」みたいなことがありましたらお願いできますか？

竹森：今回，学生がデイサービスに入って，あれだけ認知症のデイサービスが発展しているにもかかわらず，足りていないところがあるのが，非常に驚きでしたね。そこが心理の人の出番だと思うし，そこを支えてくれる，理解のある周囲の人たちという役割が必要と思いました。看護師のかたもそこにいらしているし，デイケアでは，身体の面ばっかりみる，身体のほうの中心のか

かわりになるのです，すっぽりと，話を聴き続ける人がいなかったというこ
と。そこが（心理職に求められる）役割と思いました。

前川（司会）：では，森岡先生よろしいでしょうか？

森岡：いろいろ考えていて，まだまとまりませんけど。一言でいいますと，語り
の場を維持し持続する，それを支えるものは何なのか。何が必要なのかとい
うことを考えていたのです。「語り合う」ということと「話し合う」という
言葉は微妙に違いますね。だいたい多職種連携，特に医療の場や教育の場で
は常にミーティングの場です。ミーティングは多職種の集まりになります。
そこで一定の結論を出していく。これは話し合う。ミーティングでは話し合
うのですね。その場で語り合うわけにはいかないでしょう。そんなことやっ
ていたら怒られますよね。この違いってけっこう大きいですね，現場では。
　だから語り，語りっていうけどそんな場，できるのですかという疑問が出
てくる。ここはミーティングですからね。現場でここをどう区分けしていく
か。工夫していくしかないですよね。ちょっと別の時間を作らないといけな
い。そしてその時間をどう維持するかですよね。一回きりだけでまあまあこ
んなもんですか，で終わったら，ほとんど手ごたえもない。ここ一回目が勝
負ですよね。やはり意味があると感じられることが必要です。素に戻るとい
うかユニフォームをとっちゃっている。それが病院なり学校なりで，できる
かっていうことですね。これがやっぱり難しい，特に難しい。しかし，何人
かいればね，そこに引っぱられると思うのですよ。そのような集まりを実際
にやってきているのです。学校でもやっていますよ。そしてそれが必要だと
いうこともみんな知っていますね。そこをどう作れるかっていうのが一つ鍵
かなあ。どう実際化するかね。それだけはまずお伝えしておきたいと思いま
す。

大和田：共通するところかどうかわからないですけども，お話うかがっていて，
豊かに生きていくことが，経済的な部分だけではできないというところは確
かだと思うのですけど，そういう豊かに生きていくために必要なのが物語る
力なのかなというふうに思いました。例えば，心理の分野でしたら物語る力
を回復させる。看護の分野でしたら患者さんの物語を寄り添い見つけてい

く。末期の症状の方にとっても，末期の方なりの物語を見つけていくということなのかと。で，本校でしたら，物語る力を育てるということで，学んだことの意味を自分で内化していく，出来事を内化していく力というか，そういう力を育てていきたいなと。そういった意味で物語る力っていうのをそれぞれの分野で共通して，育んでいったり回復させていったり，見つけていったりというところで，必要なのかな，と思ったりしました。そのための手法も，たくさんお話していただいて見つけられたので，たいへんよかったと思います。ありがとうございます。

前川（司会）：ありがとうございます。それぞれの専門がやっていることをお互い理解するためにも，この物語る力をそれぞれがつける必要があるかなというふうに聴いていて思いました。たくさんまだ聞きたいことあるかと思いますがお時間が来てしまいまして，本当に今回このような機会をいただきまして，また大和田先生のお話の中にもありましたけれども，新たな物語が生まれるためには語りあう場を設ける，ということで今回ひとつ，いい機会にさせていただけたかなと思います。ありがとうございました。先生方，たくさんいいお話聴かせていただきまして，拍手で締めさせていただければと思います。ありがとうございました。締めのことばを竹森先生にお願い致します。

竹森：今回，企画でナラティヴ・アプローチということで，それぞれの領域のかたで，ナラティヴに関心を持っているかたが集まってくださり，そこを何とかつないでいくことを考えました。森岡先生がナラティヴについてご説明いただくと，そこがうまくつながっていくのではないかと考えました。そういうふうに考えてこういう場を企画させていただいて。森岡先生にまずご講演にて，かなりわかりやすく説明いただきました。教育・臨床・看護，それに，地域活動されている方々もフロアの中にいらっしゃいます。このシンポでお話しいただいて，多職種からの話題提供であったので，その点でいえば，内容が拡散しているようにも感じますが，おそらく，これらは統合的につながっていかないといけないと思っています。結局，専門どうしがバラバラになってというのは不味いと思います。その辺りのヒントになるような，専門や領域を超えた，語りあいの場が本当に必要だと思うので，そういうことを

このシンポジウムでお示しできました。その点はよかったと思っております。

　今後，継続する場が必要だというご提案もありました。それは，「話しあい」じゃなくて「語りあい」っていう森岡先生のお話しもありました。そういう場を積極的に設定していくというのは必要だなというのを改めて思いました。

　本日のシンポジウムでは，先生がた，特に森岡先生，そしてフロアの皆様におきましては講演からシンポジウムに至るまで，ずっとご参加いただきまして本当にありがとうございます。改めて拍手で。そして，附属坂出中学校から大和田先生。そして，ずっと物語のことを継続して探求されていて，伊藤先生もありがとうございます。実は，和田先生は本当に企画の途中から前川先生からご紹介いただいて，飛びこんでいただいたということで，このテーマにとてもご関心があったのだろうと推察しております。また，これからも継続して教えていただいたり，香川大学にかかわっていただいたりできればと思っております。和田先生もありがとうございました。

　ナラティヴ・アプローチ，あるいはナラティヴ・エデュケーションについての研究会を立ち上げて継続的に語りあいの場を作っていったらどうかというご提案が，伊藤先生からございました。研究会を立ち上げれたらと思います。皆さま，ご参加いただけたらと思います。長い時間ご参加いただきましたみなさんにも，感謝申し上げたいと思います。ありがとうございました。

（拍手）

お わ り に

　森岡先生には，お忙しい中，基調講演ならびにシンポジウムでのコメントなど，たくさんの学びをさせてくださり，誠にありがとうございます。「ナラティヴ」という言葉をどう用いたらよいのか，迷いながら日々実践をしていますが，今回のご講演やシンポジウムによって，より自信をもって使っていけるのではないかと感じております。また，今回のテーマである，「ナラティヴと多職種連携」については，シンポジウムにて，多職種の方の実践の様子が示されることによって，その共通性と多様性，そして地域実践の全体像が，森岡先生のご講演の枠組みのもと，つながってきたように思います。

　森岡先生から頂いたメールの中の言葉に「多職種のつながりの場として，"胎動"を感じる」と御座いました。日本一小さな県である香川県であるからこそ，できるのかもしれないと思いました。今後とも，香川県・香川大学の取り組みにご支援賜れたらと存じます。

　和田先生におきましては，お忙しい中，貴重な研究成果を教えて下さり，ありがとうございます。生きたナラティヴであることを，どうしていくのかなど，考えさせられました。今回は，先生のご研究の入り口あたりのご紹介なので，今後，もっとお話しくださる場所があればありがたいです。

　教育学部の伊藤先生におきましても，これまでの実践とその理論的枠組みをご提示くださり，「ナラティヴ・エデュケーション」という言葉と共に，教育の方向性をお示し下りました。大和田先生は，教育の現場の中でどのようにナラティヴの理論をもって，生きた教育をなさっているのかなどご紹介くださりました。とても大切な教育の考え方であるというフロアからのご意見に，ご参加の皆さまが頷いていらっしゃいました。

　前川先生におきましては，本事業の申請時から，ご賛同下さり，シンポ当日は，司会をお願いをいたしました。「ナラティヴなら」と，和田先生にもお声かけくださり，ご配慮をいただきました。誠に感謝申し上げます。教育・看護・福祉・心理という全体の中で今後何もかも考えていく必要性があると思っております。シンポの場が和やかな場であったのも先生のおかげです。

　研究補助として，事務補助の津山さん，内原さんにも大変お世話になりました。

　院生の皆様におきましても，ご準備や当日の設置，片付け，そして逐語起こし

などご協力いただきました。前を向いて，一緒に"生成"してくださり，感謝を申し上げます。

　ご賛同くださったフロアの皆様にも感謝申し上げます。これからも，語り合いの場（研究会）を生成していきたいと思っております。先日も，このシンポを受けて，ご自身のご研究のお話をしてくださった先生にお会いしました。"顔をみての語り合い"によって，つながっていけることを実感しております。

　なお，今回の基調講演とシンポジウムの実施は，香川大学の「多職種との連携を軸とした臨床心理学研究推進経費」によるものです。研究課題は，「『ナラティヴ・アプローチ』の概念に着目した，臨床心理・教育・保健医療・福祉の臨床実践の展開と交流による多職種協働の検討」でした。ここに記して深く御礼申し上げます。

竹森　元彦

講師・シンポジスト

森岡　正芳（立命館大学総合心理学部　教授）

　1977年京都大学文学部卒業。同大学院教育学研究科博士課程を経て京都大学助手，天理大学助教授，奈良女子大学教授，神戸大学大学院教授を経て現在，立命館大学総合心理学部教授。博士（教育学）。臨床心理士。トラウマのケアや心身相関，文化と癒し，霊性といった課題に，ナラティヴ，ドラマ，対話という観点から取り組んできた。理論や方法が一見異なる心理療法の各学派に共通する要因を探求している。著書に『臨床ナラティヴアプローチ』（ミネルヴァ書房2015編著），『うつし　臨床の詩学』（みすず書房2005），『物語としての面接―ミメーシスと自己の変容』（2002/2017新曜社）Jungian and Dialogical Self Perspectives, with R. A. Jones (Palgrave/Macmillan, 2011) 他多数

大和田　俊（香川大学教育学部附属坂出中学校　教諭）

　香川大学教育学部附属坂出中学校，研究主任，教諭（社会科）。香川大学教育学部附属坂出中学校では，「『学ぶこと』と『生きること』をつなぐ『ものがたり』」を研究テーマに，「ものがたり」（ナラティヴ）の考え方を，学校における教育実践の中に取り入れることで，子供たちに学ぶ意味や価値を実感させる授業実践及びカリキュラムの研究を進めている。平成28，29年度には，文部科学省委託研究「教科等の本質的な学びを踏まえたアクティブ・ラーニングの視点からの学習・指導方法の改善に関する実践研究」，平成30年度からは，文部科学省研究開発指定「予測できない未来に対応して生き抜く能力を育てるため，生徒自らが主体的に課題を設定し，自らの力で解決し，自己の成長や可能性を実感していく異学年合同の「共創型探究学習（CAN）」を創設した場合の教育課程や系統的な支援の研究開発」を受け，研究を進めている。

伊藤　裕康（香川大学教育学部　教授）

　博士（文学）。「物語り」に基づきながら，社会系教科教育（社会科，地歴科，生活科，道徳教育），総合的学習論，教師教育，校長講話構成法，ESDの研究を

行っている。著書に、『未来への扉を拓く道徳教育』（美巧社，2015編著），『社会への扉を拓く－あなたとつくる生活科・社会科・総合の物語－』（美巧社，2011，編著），『憧れ力を育む授業の構想－とびだせ生活科！地域へ！未来へ！総合的な学習へ！－』（溪水社，2001，単著），『学ぶよろこびに迫る　社会科授業づくりと教員の力量形成』（溪水社，1999，単著），『「提案する社会科」の授業5 出力型授業づくりへの挑戦』（明治図書，1997，単著）。共著に『ナラティヴ・エデュケーション入門』（美巧社，2017），『もう一つの「地理」』（溪水社，2000）他多数。

前川　泰子（香川大学医学部看護学科　教授）

　1994年三重大学工学情報工学科卒業後，看護師免許を取得．2000年大阪府立看護大学大学院修士課程を修了し，2011年大阪府立大学工学研究科で博士課程修了。2011年大阪府立大学現代システム科学域准教授，2013年度関西福祉大学　看護学部准教授を経て，現在2017年香川大学医学部教授。熟練看護師がもつ看護技術のコツにある暗黙知の探究，AIやシミュレーションを取り入れた看護教育支援システムの開発に取り組んでいる。

　シリアスゲームを活用した認知症ケア教育用電子教材の開発と評価，若山大輝，中島智晴，山本美輪，前川泰子，藤井崇敬，橋本力，International Journal of Japanese Nursing care practice and study, 6, (1) 34-40, 2017.　Quantifying Eye Tracking Between Skilled Nurses and Nursing Students in Intravenous, Y. Maekawa, Y. Majima, M. Soga, Studies in Health Technology and Informatics, 225, 2016.

和田　恵美子（四天王寺大学看護学部看護学科　教授）

　1994年千葉大学卒業，看護師勤務ののち滋賀医科大学助手，大阪府立看護大学助手，大阪府立大学講師，聖路加看護大学大学院博士後期課程（単位取得退学），京都学園大学准教授を経て，現在2019年四天王寺大学看護学部看護学科教授。博士（看護学）。臨床経験の中で病者が自らの病いを書き，綴る闘病記に関心をもつとともに，それらを社会資源として患者家族・学生・医療職者が読むことの教育的活用に関する研究を行っている。認定NPO法人健康と病いの語りディペックス・ジャパン理事。

竹森　元彦（香川大学医学部臨床心理学科　教授）

　立命館大学哲学科心理学科卒，鳴門教育大学大学院修了。鳴門教育大学助手，愛媛大学教育学部助教授，香川大学教育学部准教授・教授を経て，2018年 4 月現職。精神科クリニックや産業領域での心理臨床実践，スクールカウンセリング，児童養護施設での被虐待児への支援，コミュニティ支援，スーパーヴィジョン研究等。『ADHDの小 1 男児と保護者と学校全体を統合的に支援したスクールカウンセリングの 1 事例』（心理臨床学研究第30巻1号，2012），『コミュニティにおけるカウンセリングの内部性と外部性の概念と包括的機能』（香川大学教育学研究報告第Ⅰ部第138号，2012）．『スーパーヴィジョンにおける，クライエントとヴァイジーを"見護る"眼差し』（京都大学教育学研究科　心理臨床スーパーヴィジョン学 第4号，2018）など。

研究協力

津山　美香　香川大学教育学研究科心理臨床相談室

内原　香織　竜雲メンタルクリニック　臨床心理士

アンケートの自由記述について

1．基調講演「臨床実践とナラティヴ・アプローチ」について

【大学教員】
・科学とArtの対比，統計学を超える物語の力，ケアの視点が参考になりました。
・どう捉えていいのかよくわからなかった「ナラティヴ」の概念が，少しわかったような気がしました。現場のいろんな方とお話ししてみたくなりました。
・ナラティヴの当事者性は，実際の報告を聞かないと分からないことが多いから，３人称的視点の科学モデルに対して，１・２人称のナラティヴ・アプローチはおそらく，技術・コツ・暗黙知の部分が大きいと思うので，そのあたりの姿勢を身につけていくのには経験を積むしかないので。
・森岡先生の大変わかりやすくて深いナラティヴ講演。
・普及と教育での最新の知識を知れた。

【学校関係者】
・専門職を横に置いて，人と人との関わりの中での語りの重要性が理解できた。
・いろいろな事例を挙げての講演，分かりやすく，ナラティヴというもの，定義はいくつかあるのかもしれませんが，その理解を深めることができました。「モードがシフトするとき」。この場面を教育現場でつくれたらと思っています。

【学生】
・実践的なナラティヴ・アプローチにふれることができた。
・理解しやすくするために定型化がされていて，こういう病気だからこうだと固定化された把握になっているけれど，同じ病気でも，病の感じ方や人生観はちがうという考えに，ナラティヴと個人の体験をうけとめることの大切さを感じたから。
・授業で習った「ナラティヴ」について，その実例や内容を詳しく知ることができたから。
・実例ものっていて，分かりやすく参考になった。
・今までの心理療法の理論と何が違うか，何をしたいかが，なんとなく分かってよかった。

【その他】

・主体性，対話が大切であると思っているから。

・知識不足を感じ入り，学ぶことの大切さを強く感じました。（語ることは聴くことである。）

・ナラティヴ・アプローチの今日的状況について理解が深まった。

・未知のことに多く気づかされる機会となった。

２．実践報告について

【大学教員】

・看護，認知症ケア，教育の各分野の実践を知ることにより，「語る」，「聞く」ことの大切さがよく分かりました。

・看護の臨床実習で，生の対象者から学ぶ学生さんたちに，現象の意味づけなどしてもらうのに，さまざまなやり方が役立つかもなと感じました。

【学校関係者】

・看護分野・教育分野・高齢者分野と幅広い分野でのナラティヴ・アプローチの話が聞けて良かった。全ての分野で応用できるアプローチであると思われた。

・ナラティヴの新たな視点，考えを知ることができました。

【学生】

・自分の今までの経験を振り返る機会にもなった。友人と話をするだけの場面にも，ナラティヴの考え方は通じるものがあると思った。

・ナラティヴはいろんな分野に応用できることに気づけたから。また，それなのにナラティヴがなかなか浸透しないのはなぜかについて，自分なりのナラティヴで考えることができたから。

・様々な現場の話を聴けて良かった。

【その他】

・ナラティヴがどの場面でも大切であると思うから。

・地域の応援隊として（子ども，学校関係に出向いていくこともあります），自分の考え方をいろいろと変えることも大切だと，自分の幅が広がったと思います。

・具体性に富んでいた。

3．シンポジウム「ナラティヴ・アプローチと多職種連携」について

【大学教員】

・他分野からのアプローチにより，人間が生きることと語ることとのつながりが少しずつ見えてきました。

・各々の職種からの意見がきけたことは，思考や視野を拡げるのに役立ちました。専門職者同士がもっと気軽に「語り合い」を続けていければと感じました。

【学校関係者】

・多職種が連携することにより，ナラティヴ・アプローチを拡げていけたらいいと思われた。

【学生】

・物語や知は，きき手と語り手がいっしょにつくっていくもの，だから，変わって当然だし知らなくて当然というのに共感したから。意見になりますが，連携＝分担ではなくて，連携＝得意分野をいかしながら，みんなで協力して取り組むこと，だと思いました。（最後の質問について）

・様々な現場の話を聴けて良かった。

【その他】

・実践にいかすことができる。―福祉分野の中で，寄り添うことで，自己にひきつけて語ることができてくるのかもしれないと感じる。

・自分の考え方を振り返ることができ，自信につながりました。（自己に引きつけて語る）

・顔のみえる対話でした。

・いろいろな話をお聞きできた。

4．今回の研修会に対してのご意見やご要望について

【大学教員】

・看護師の方からの質問を聞いて，大変参考になりました。現場からの切実な声を聞くことの大切さをあらためて感じました。森岡先生のテキスト化してしまう研究状況への指摘はとても勉強になりました。

【学生】

・研修会をうけて考えたことなのですが，ナラティヴが様々な分野に応用できるのに，ナラティヴ・アプローチがなかなか浸透しないというのに，どういうストーリーを持たせるか，自分なりに考えると，ナラティヴによって個々のストーリーが発展すると，定型を教えればいい存在が不要になり，指導者には柔軟性や更新性が必要になると思うのです。ナラティヴは即時性や効率性に欠けるし，指導者も安定した地位を守りたいから，なかなかナラティヴを認められない。だから，ナラティヴがあまり受け入れられてないのかなと考えます。
また，SNSの発展により，語る前に情報がわかってしまって定型化されてしまうから，"語る力"が衰退しているのかなとも考えました。他にも，日本人は群に埋没することで個を守る傾向があるなど。だから，"個"のナラティヴを発信することは，ある意味危険なことであり，ためらわれるのかなと考えました。研修会がこのように様々なことを考えるきっかけになり，大変勉強になりました。ありがとうございました。

・アクティブ・ラーニングの話で，「ナラティヴ」を強要せざるをえないということに関してどう考えるか，どのような工夫をしているかを知りたかった。

・事実かどうかはいったんおいておく，という考えが役に立ちそうだと思いました。twitterは，個人情報を隠して自分の発信したいことを発信でき，それを「同じ趣味を持つ人」や「同じ価値観を持つ人」だけでなく，不特定多数の人に見られます。自分の誇りを発信した時，「自分語りやめろ」や「事実と食い違っているから，あなたの考えはおかしい」と批判されることがよくあります。「他人に否定されるかもしれない」と思うことも，語りを引き出すさまたげになっているのかもしれないと思いました。

【その他】

・大変勉強になりました。明日からの生活にいかしたいと思います。メールをくださった先生に感謝いたします。ありがとうございました。

・研究会，立ち上げたいですね。

ナラティヴ・アプローチと多職種連携

2019年 3月30日　　第1版発行

2020年 2月 1日　　第2版発行

2021年 1月30日　　第2版第2刷発行

編著者　　竹森　元彦

発行者　　池上　晴英

発行所　　株式会社 美 巧 社

〒760‐0063　香川県高松市多賀町1-8-10

TEL　087-833-5811　FAX　087-835-7570

ISBN 978-4-86387-110-6　C1037